普通高等院校“十三五”规划教材
“互联网 +”融媒体系列教材

会计综合模拟实验（工业篇）（第二版）

U0955060

孔令一 朱淑梅 主编
迟春龙 杨春晖 副主编

立信会计出版社
LIXIN ACCOUNTING PUBLISHING HOUSE

图书在版编目(CIP)数据

会计综合模拟实验：工业篇 / 孔令一，朱淑梅主编
. —2 版. —上海：立信会计出版社，2021.5
ISBN 978 - 7 - 5429 - 6814 - 2

Ⅰ. ①会… Ⅱ. ①孔… ②朱… Ⅲ. ①工业会计—教
材 Ⅳ. ①F406. 72

中国版本图书馆 CIP 数据核字(2021)第 072338 号

策划编辑 郭 光
责任编辑 郭 光
封面设计 南房间

会计综合模拟实验(工业篇)(第二版)
Kuaiji Zonghe Moni Shiyan

出版发行	立信会计出版社		
地 址	上海市中山西路 2230 号	邮政编码	200235
电 话	(021)64411389	传 真	(021)64411325
网 址	www.lixinaph.com	电子邮箱	lixinaph2019@126.com
网上书店	http://lixin.jd.com		http://lxkjcbs.tmall.com
经 销	各地新华书店		

印 刷	浙江临安曙光印务有限公司		
开 本	787 毫米×1092 毫米	1/16	
印 张	19		
字 数	258 千字		
版 次	2021 年 5 月第 2 版		
印 次	2021 年 5 月第 1 次		
印 数	1—5 100		
书 号	ISBN 978 - 7 - 5429 - 6814 - 2/F		
定 价	49.00 元		

第二版前言

本书自2019年初版以来，以其经济业务内容丰富且紧贴实际、采用最新税收法律政策、版式设计科学合理、配套实验资料齐全等优点，深受广大读者的喜爱。截至2021年3月，本书初版累计销售超过24 000套，近50 000本。2020年之后，企业会计准则与税收法律、法规发生了一些调整，应出版社的要求，我们完成了本次改版修订，修订和增加的配套资源内容如下：

(1) 修订第七篇实验原始凭证，如增加银行进账单的原始凭证。

(2) 补充第八篇财务报表数据，如增加2018年资产负债表、增加2019年现金流量表补充资料的上期数据。

(3) 将第九篇的财务报表分析由初版分析2019年的财务报表改为分析2018年的财务报表，要求学生掌握财务报表分析主要内容和步骤，然后使用编制的2019年财务报表数据，围绕偿债能力、盈利能力、营运能力和发展能力，对烟台兴茂机械制造有限公司2019年财务报表进行分析。

(4) 更新“部分实验耗材示例”“会计综合模拟实验通用账簿”中的利润表和所有者权益变动表。

(5) 在初版的基础上，将众多实验实训指导教师向我们反馈的建议进行汇总和梳理，编写本书的重难点讲解，帮助学生提升会计实践技能。

(6) 在“智信财会”微信公众号中发布90笔经济业务的视频讲解。

(7) 编写与本书配套的《会计电算化实验——基于用友ERP-U8V10.1版》和《会计电算化实验(T3版)》，实现手工账务处理与电算化实操的有机融合。

在此，我们还要特别感谢使用本书并提出改进建议的老师，他们分别是：建议我们做每笔经济业务视频的安徽审计职业学院的李娜老师，给我们提出业务优化建议的上海济光学院温静老师，积极在会计实训教师备课群里为大家答疑解惑的上海海事大学的章雁、王朝阳老师，提议我们依据此书开展“立信杯”会计技能评比的广东新安学院的王丽波老师和广州华商学院的张小云老师，鼓励我们将不同实训科目有机结合的景德镇学院的徐震老师。另外，还要特别感谢立信会计出版社，尤其是郭光老师在本书整体框架设计和配套教师资源建设中给予的专业指导。

由于编者水平有限，书中难免还存有疏漏之处，恳请读者提出改进意见，以便我们进一步修订和完善。

编　者

2021年4月

前　言

为培养社会经济建设需要、具备扎实理论基础、具有较强专业知识和动手能力的高素质应用型会计专业人才，提高学生会计实务操作能力，编者根据多年从事的会计理论与实践教学经验，编写了《会计综合模拟实验(工业篇)》(以下简称“本书”)。

本书以烟台兴茂机械制造有限公司2019年12月份的经济业务和同年1～11月份的相关账户记录作为实验资料，业务范围涉猎广泛，包括采购-生产-销售、主营业务、成本核算、材料成本差异结转、银行结算、出租厂房、贷款、投资、捐赠、纳税和财产清查等，体现各类真实经济业务，实践性及应用性很强。本书的实验内容主要包含原始凭证的填制与审核，记账凭证的填制与审核，日记账、明细账登记，科目汇总表编制，总账登记，报表填制以及根据核算出的财务数据对该公司进行财务报表分析。编者编写本书，旨在让学生全面理解和掌握会计专业知识，将财务会计理论与实际应用相结合，提高学生实际业务处理能力；从实际应用的角度出发，对学生进行理论联系实际的训练，为学生今后从事会计工作打下坚实的基础。

本书具有以下特点。

(1) 使用最新税率编写(政策时限截至2021年3月31日)。

(2) 使用最新的财务报表格式(依据2019年10月10日财政部印发格式)。

(3) 本书配套实习专用账簿。

(4) 本书创新性地对财务报表进行分析，利用财务报表数据，对烟台兴茂机械制造有限公司进行财务分析，分析其偿债能力、盈利能力、营运能力和发展能力。

(5) 手工账操作与电算化操作同步进行，本书提供用友、金蝶等财务账套，基础数据完备，方便电算化教学。

(6) 本书配备教师用书或教师专用资源，含会计分录答案，总账、日记账以及各类明细账答案，财务报表答案以及财务报告分析参考答案。

本书由孔令一、朱淑梅、迟春龙、杨春晖、刘楠、滕萍萍、迟甜甜、张皓旭、李满林、孔祥敏、刘燕、姚禹齐等编写。编者在编写过程中，参考和借鉴了大量相关实验教材，得到了立信会计出版社的大力支持，在此表示诚挚的谢意！

与本书配套的教师专用资源，可向立信会计出版社郭光编辑索取，QQ号码为360090452。

由于作者水平有限，加之税收法律规定变化较快，教材实验内容难免有疏漏之处，恳请读者提出改进意见，以便我们进一步修订和完善。

编　者

2021年1月

《会计综合模拟实验(工业篇)》编写指导专家委员会

（排名不分先后）

导　　学

亲爱的读者朋友：

也许您是一位已经学完会计基本理论、在老师指导下，即将开始毕业设计的在校学生；也许您是一位充满着对会计职业的热爱、自学了会计理论课程，已经做好准备将理论付诸于实践的社会人士；还有可能您是一位需要承担起家族企业财务大权重任的接班人，而急需补充财务知识。

当您翻开此书，意味着您即将开启会计从理论到实践的历程。为此，我们为您提供由孔令一老师主编的《会计综合模拟实验(工业篇)》的学生课程资源，具体包括财务报表答案、科目汇总表、财务报表分析数据、实验报告模板、修读指导与重难点解析等，助您顺利开启会计手工做账模式。

领取流程如下：

扫描下图二维码，关注“智信财会”公众号，在公众号对话栏回复关键字：“工业篇”，即可免费领取《会计综合模拟实验(工业篇)》的学生课程资源。您也可以加入 QQ 群(群号 731898728)，与其他小伙伴一起交流实训中遇到的问题。

回复“工业篇”
获取本书学习资源

编　者

2021 年 4 月

实验耗材明细

学生完成本实验，需要采购实验耗材如下表所示：

序号	项目	数量
1	收款凭证	20
2	付款凭证	40
3	转账凭证	80
4	现金日记账账页	2
5	银行存款日记账账页	3
6	总分类账账页	60
7	三栏式明细账账页	110
8	材料采购明细账账页	4
9	数量金额式明细账账页	6
10	八栏明细账账页	4
11	十六栏明细账账页	4
12	应交增值税明细账账页	2
13	科目汇总表	4
14	资产负债表(已附)	1
15	利润表(已附)	1
16	现金流量表(已附)	1
17	现金流量表(补充资料)(已附)	1
18	所有者权益变动表(已附)	1
19	基本财务指标一览表(已附)	1
20	实验报告(已附)	1

另外还需要：文件夹、凭证封面、封底以及其他耗材若干。

为方便院校采购与本书配套的实验耗材，立信会计出版社为本书配备编写了《会计综合模拟实验通用账簿》，此账簿的特点如下：

一、时效性

2019 年 5 月 10 日，财政部发布了《关于修订印发 2019 年度一般企业财务报表格式的通知》(财会〔2019〕6 号),对《资产负债表》中“应收票据”“应收账款”“其他应收款”“持有待售资产”“固定资产”“在建工程”等项目进行了详细说明;对《利润表》中的“研发费用”“财务费用”项目下的“其中:利息费用”“利息收入”“其他收益”等项目进行了调整和说明。本账簿中的财务报表格式均为最新格式。

二、内容丰富

教材对各程序中相关账簿的填制要求进行了重点介绍,并对易错点做进一步强调,让使用者快速回顾相关知识并高效率进行实践操作。提供了总账、日记账、三栏式明细账、数量金额式明细账、多栏式明细账等主要账簿正确的登记样本,让使用者对相关账簿的登记方法一目了然,快速掌握。

三、创新性

本账簿采用集成合订的方式,将各类账页合理编排、整合为一本,免去了各种账簿零星采购的繁琐工作,减轻了账簿采购部门的工作量和任课教师分发及收回实验资料的工作量。账簿采购部门除了采购本成册账簿外仅需再采购记账凭证及相应的封面、封底、包角纸以及档案袋即可。

四、环保节约

本账簿在排版上,对总分类账和三栏式明细账进行了调整,节省了纸张、利于环保,更重要的是减轻了学生的经济负担。

五、便于档案保管

实验结束后,收齐本账簿及记账凭证便构成会计综合模拟实验的成果资料,为教师批阅带来便利,使档案保管工作更加简便,解决了以往大量活页账簿给档案保管带来的困难。

《会计综合模拟实验通用账簿(第二版)》的征订信息如下:

书名:会计综合模拟实验通用账簿(第二版)

书号:9787542967732

主编:孔令一

定价:38 元

出版年月:2021 年 3 月

出版社:立信会计出版社

征订电话:021-64411101

QQ:360090452

目　　录

第一篇　实验公司概况

(一) 基本信息

公司名称:烟台兴茂机械制造有限公司

纳税人识别号:913706129662088957

开户行:中国农业银行烟台市莱山区支行

银行账号:15376201040000182

地址:烟台市莱山区港城街 100 号

电话:0535-6900119

法定代表人及总经理:孔祥瑞

注册资金:柒佰捌拾伍万元整,其中股东持股信息如表 1-1 所示。

表 1-1　股东持股信息

股东名称	投资资金(元)	所占注册资金百分比
烟台兴鲁机械制造有限公司	7 000 000	89.17%
烟台飞达机械设备有限公司	850 000	10.83%

公司类型:有限责任公司(国内合资)

经营范围:生产与销售抗性消音器,铝合金油箱,有源消音器

(二) 内部组织机构及人员分布

公司内部组织架构如图 1-1 所示。

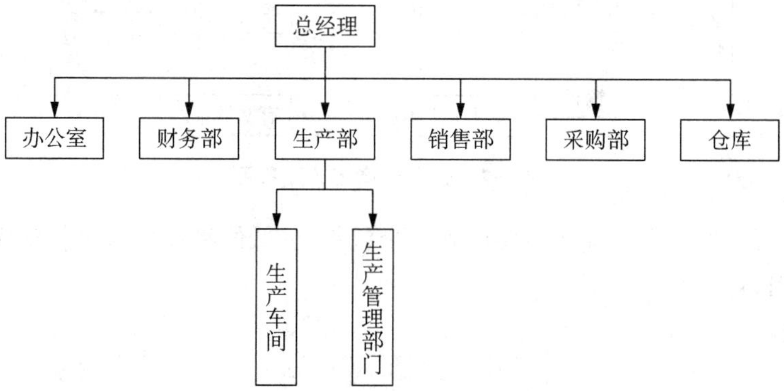

图 1-1　公司内部组织架构图

公司各部门负责人及部门人数如表 1-2 所示。

表 1-2 公司各部门情况

部门	部门负责人	部门人数
总经理	孔祥瑞	1
办公室	宋成亮	1
财务部	张 丽	3
生产部——生产车间	孙思泽	12
生产部——生产管理部门	王加成	1
销售部	徐瑞诚	2
采购部	刘 伟	2
仓库	于传强	2
合 计	—	24

(三) 对外长期股权投资

公司对外长期股权投资如表 1-3 所示。

表 1-3 公司对外长期股权投资情况

对外投资单位	注册资本(元)	出资比例	投入资本(元)
烟台天明机械装备有限公司	2 000 000	30%	600 000

(四) 生产工艺流程

公司生产工艺流程如图 1-2 所示。

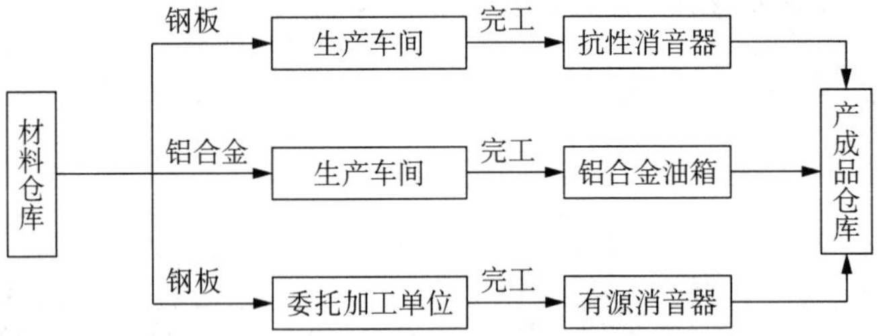

图 1-2 公司生产工艺流程图

说明:销售 1 件铝合金油箱需要用到 1 个包装盒(低值易耗品),包装盒成本直接记入“销售费用”科目。

第二篇　企业会计政策与核算规则

（一）账务处理程序

公司采用科目汇总表账务处理程序，如图 2-1 所示。

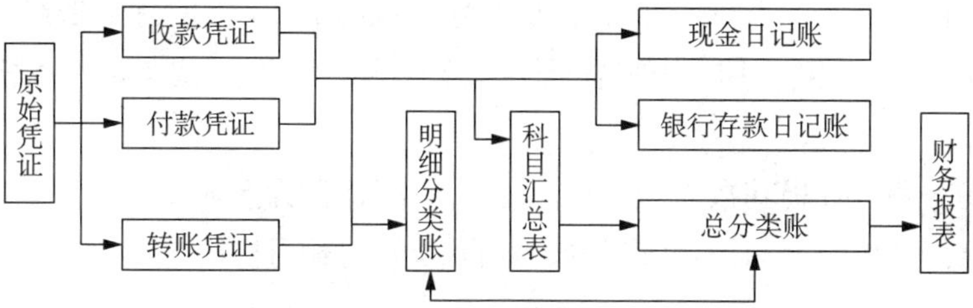

图 2-1　公司账务处理程序

（二）交易性金融资产的确认与计量

公司对于以赚取差价为目的而持有在活跃市场上有报价的金融资产，确认为交易性金融资产。在初始确认时按照公允价值计量，相关交易费用直接计入当期损益。持有交易性金融资产的会计期间，其公允价值变动形成的利得与损失，应当计入当期损益。

（三）债权投资的确认与计量

公司对于到期日固定、回收金额固定或可确定，且有明确意图和能力持有至到期的在活跃市场上有报价的债券投资，确认为以摊余成本计量的金融资产，核算时计入债权投资。在初始确认时按照实际支付价格计量，相关交易费用计入初始确认金额，构成实际利息组成部分。取得债权投资以后的会计期间，采用实际利率法，按摊余成本计量。

（四）备用金核算

采购员及其他职工出差预支差旅费，回公司后一次结清。

（五）材料核算方法

(1) 原材料、周转材料按计划成本进行日常核算，计划成本表详见“建账材料”。“材料采购”“材料成本差异”明细分类账与“原材料”“周转材料”明细分类账相同，其分类项目为钢板、铝合金、低值易耗品。

(2) 将钢板材料发出，委托加工单位加工成库存商品有源消音器。该公司一般当月接到合同订单,当月向委托加工单位发出材料,当月加工完成。发出材料时,根据委托加工材料出库单,核算钢板材料成本差异。

(3) 生产车间领用材料时不核算材料成本差异,在月末根据本月领料单,编制材料收发存汇总表,计算材料成本差异率,核算材料成本差异,计入各产品生产成本。

(4) 每年12月份对原材料、库存商品等存货进行盘点清查,根据盘点结果编制盘盈盘亏报告单,报相关领导审批后在年末结账前处理完毕。

(六) 基于薪酬的社会保险费、住房公积金和有关经费的计提

(1) 公司为员工缴纳的基本养老保险费、失业保险费、基本医疗保险费、工伤保险费、生育保险费,其计算依据是烟台市企业职工社会保险2019年度月最低缴费基数3 465元。公司每月13日收到当月的山东省社会保险基金专用票据,按实际金额核算相关社会保险费。

(2) 住房公积金计提基数为当月工资总额,计提比例为8%。

(3) 工会经费由公司承担,计提基数为当月工资总额,计提比例为2%。

(七) 水费、电费分配方法

(1) 公司水费、电费分摊比例如表2-1所示。

表2-1 公司水费、电费分摊比例

部门	分配比例
生产车间	60%
生产管理部门	20%
行政管理部门	10%
销售部	10%
合计	100%

(2) 水费、电费等分配到生产车间的费用,根据生产各产品实际耗用的工时数按比例分配到各产品的生产成本。

(3) 办公室、财务部、采购部、仓库属于行政管理部门,其水电费记入"管理费用——水电费"科目。

(八) 制造费用分配方法

制造费用根据生产各产品实际耗用的工时数按比例进行分配。

(九) 产品生产成本核算方法

(1) 产品生产成本采用品种法进行计算,包含"燃料与动力""直接材料""直接人工""制造费用"。生产耗费在完工产品和在产品之间的分配按照约当产量比例法,原材料在

生产开始时一次投入。

(2) 在产品约当产量计算公式:在产品约当量＝在产品数量×在产品完工度。

(3) 产品各道工序完工度如表 2-2 所示。

表 2-2　产品各道工序完工度

产品	第 1 道工序	第 2 道工序	第 3 道工序	第 4 道工序	第 5 道工序
抗性消音器	20%	30%	15%	25%	10%
铝合金油箱	30%	40%	10%	20%	—

(十) 长期股权投资的核算

公司对其他单位的投资属于对被投资单位具有重大影响,采用权益法核算。

(十一) 固定资产核算

(1) 固定资产是指同时具有下列特征的有形资产:①为生产商品、提供劳务、出租或经营管理而持有的。②使用寿命超过一个会计年度。

(2) 公司对固定资产采用直线法计提折旧。公司固定资产按建筑物、机器设备、办公设备分类。各类固定资产的使用年限及净残值率如表 2-3 所示。

表 2-3　固定资产使用年限及净残值率

固定资产种类	使用年限(年)	净残值率
建筑物	20	5%
机器设备	10	5%
办公设备	5	4%

(3) 固定资产清理应由生产车间提出报告,经技术人员鉴定,报相关领导审批后处理。

(4) 固定资产减值应由生产管理部门提出报告,经财务部门审核,报相关领导审批后处理。

(十二) 无形资产核算

(1) 公司有专利无形资产,按照实际成本进行初始计量。采用直线法计提摊销。

(2) 专利使用年限及净残值率如表 2-4 所示。

表 2-4　专利使用年限及净残值率

无形资产	使用年限(年)	净残值率
专　　利	10	5%

(十三) 坏账准备核算

(1) 坏账准备采用备抵法核算。

(2) 不同账龄下的应收账款坏账准备计提比例如表 2-5 所示。

表 2-5 应收账款坏账准备计提率

账龄	坏账准备计提率
1 年以内(含)	3%
1～2 年(含)	5%
2～3 年(含)	10%
3 年以上	20%

(十四) 所得税费用处理

所得税会计采用资产负债表债务法。比较有关资产和负债的账面价值与计税基础,确定应纳税暂时性差异和可抵扣暂时性差异;除会计准则规定的特殊情况外,确认递延所得税负债和递延所得税资产;根据递延所得税负债和递延所得税资产的本期增减变化,确定递延所得税;根据适用的税法规定,计算当期应纳税所得额和应交所得税,确定当期所得税;根据当期所得税和递延所得税,确定利润表中的所得税费用。

第三篇　应交税费及税率

（1）企业所得税税率。

根据[财税(2019)13号]的规定，本公司属于小型微利企业，对小型微利企业年应纳税所得额不超过100万元的部分，减按25%计入应纳税所得额，按20%的税率缴纳企业所得税；对年应纳税所得额超过100万元但不超过300万元的部分，减按50%计入应纳税所得额，按20%的税率缴纳企业所得税。

（2）增值税税率如表3-1所示。

表3-1　增值税税率

税种	收入类型	税率
增值税	销售消音器、油箱	13%
	出售报废机器设备	13%
	出租厂房	9%

（3）城市维护建设税、教育费附加如表3-2所示。

表3-2　城市维护建设税、教育费附加税率

税种	税基	税率
城市维护建设税	实际缴纳增值税	7%
教育费附加	实际缴纳增值税	3%

（4）印花税税率如表3-3所示。

表3-3　印花税税率

税种	税基	计税比例	税率
印花税	营业收入	50%	0.03%

（5）房产税税率如表3-4所示。

表3-4　房产税税率

税种	税基	计税比例	税率
房产税（建筑物自用部分）	建筑物自用部分原值	70%	1.2%
房产税（建筑物出租部分）	租金收入	—	12%

(6) 城镇土地使用税税率如表 3-5 所示。

表 3-5　城镇土地使用税税率

税种	土地等级	税基	核定税额
城镇土地使用税	城市土地——土地二级	土地面积	1.2%

(7) 个人所得税。

2019 年个人所得税免征额提至 5 000 元/月，且《中华人民共和国个人所得税法》规定子女教育、继续教育、大病医疗、住房贷款利息、住房租金和赡养老人等 6 项专项附加扣除，本公司员工在专项附加扣除后不超过个人所得税免征额，无须缴纳个人所得税。

第四篇　实验目的、程序及组织

（一）实验目的

通过本实验教材的操作，学生能系统、全面地掌握工业企业会计核算的基本程序和具体方法，有利于加强学生对专业基本理论知识、基本方法的理解和运用，以及基本技能的训练，从而增强学生的职业判断能力和实践能力。本实验教材要求学生将所学专业知识进行整合，能综合运用于会计实务。这种操作能为他们即将从事的会计工作打下扎实的基础。

（二）实验程序

（1）熟悉实验企业概况、会计政策及内部会计核算办法。

（2）根据本实验教材“建账资料”所提供的 2019 年 12 月初各账户余额，开设总分类账、明细分类账户以及现金日记账、银行存款日记账，将期初余额填入余额栏内，在摘要栏中填写“期初余额”。公司本月涉及的所有总账、明细账的账户科目均在“建账资料”中列出，以减少学生建账差错。

（3）根据实验所提供资料，审核及填制有关经济业务的原始凭证，分类编制记账凭证的收款凭证、付款凭证和转账凭证，并将原始凭证附于有关的记账凭证之后。

对于现金、银行存款之间的收付业务，以贷项为主，只编制付款凭证。

各类记账凭证分别按顺序编号，如表 4-1 所示。

表 4-1　各类记账凭证及编号规则

凭证种类	凭证编号规则
现金收款凭证	现收 1、现收 2……
现金付款凭证	现付 1、现付 2……
银行存款收款凭证	银收 1、银收 2……
银行存款付款凭证	银付 1、银付 2……
转账凭证	转 1、转 2……

（4）根据收款凭证、付款凭证登记现金日记账、银行存款日记账。发现错账，应根据具体情况，分别采用划线更正法、红字更正法和补充登记法更正错账，切勿刮、擦、挖、补、涂改。

(5) 根据所编记账凭证及所附原始凭证,顺序登记有关明细账。

(6) 按照本实验教材所述本公司核算方法及程序,根据本月收料单、领料单计算本月材料成本差异率,并据以编制汇总收料与结转差异、汇总发料及分摊差异的记账凭证。

(7) 按产品工时分配生产车间、生产工人工资薪酬以及发生的制造费用。编制分配表和有关分配结转的记账凭证。

(8) 根据本实验教材所述的本公司核算流程和规定,编制产品成本计算表,并据以编制产成品、在产品成本分配表等结转成本的记账凭证。

(9) 按本实验教材“第三篇 应交税费及税率”的要求,计提各种税金,编制有关记账凭证。

(10) 按权责发生制要求计算、结转损益并进行利润分配,编制有关记账凭证。

(11) 根据记账凭证定期于每月 15 日、月末编制科目汇总表,并利用科目汇总表进行试算平衡。

(12) 根据科目汇总表登记各总分类账户(包括各有关的损益类账户)。

(13) 结出各类账簿或账户本期发生额及期末余额,将总分类账与有关明细分类账、日记账进行核对。

(14) 根据核对相符的总分类账户、明细分类账户以及本实验教材提供的 2019 年 1～11 月份相关数据,编制资产负债表、利润表、现金流量表和所有者权益(股东权益)变动表。

(15) 根据本公司财务数据对本公司的财务报表数据予以分析。

(16) 将收、付、转凭证分别按编号顺序排列,折叠整齐,加具封面,装订成册。账页、报表也应分别加具封面,装订成册。或使用与本实验教材配套的实习通用账簿。

(17) 本实验教材提供用友、金蝶期初账套数据,在完成手工实验的基础上进行会计电算化实验,编制记账凭证、登账和编制会计报表。

(三) 实验组织

(1) 本实验分手工实验和电算化实验两部分。手工实验估计 72 课时,电算化实验估计 24 课时。

(2) 应配备专职实验指导教师,组织和指导实验全过程。指导教师根据学生完成实验的质量给予评分。

(3) 实验中应尽量让每位学生独立完成一套账务处理工作,这有利于让每位学生系统、全面地熟悉和掌握整个企业会计实务,扎实提高其实战技能。

第五篇　建账材料

(一) 总分类账期初余额

2019 年 11 月 30 日,烟台兴茂机械制造有限公司总分类账科目及期初余额如表 5-1 所示。

注:总分类账余额为 0 的科目是指期初余额为 0 的永久性总账科目以及期末结转的损益类总账科目。这些科目虽然期初余额为 0,但在 12 月份的经济业务中需要用到,为方便学生做账,学生在建账时可将期初余额为 0 的总账科目名称同时建好。

表 5-1　总分类账科目及期初余额

总账科目	借贷方向	借方	贷方
库存现金	借	7 130.00	
银行存款	借	1 979 307.72	
其他货币资金	借	140 000.00	
交易性金融资产	借	994 500.00	
应收票据	借	75 000.00	
应收账款	借	1 522 264.71	
坏账准备	贷		50 000.00
预付账款	借	30 424.60	
应收股利	平		
应收利息	平		
其他应收款	借	20 177.68	
材料采购	平		
原材料	借	411 250.00	
周转材料	借	11 380.00	
材料成本差异	借	1 450.00	
库存商品	借	1 289 039.80	
委托加工物资	平		
生产成本	借	428 134.06	
债权投资	借	206 000.00	
长期股权投资	借	600 000.00	

（续表）

总账科目	借贷方向	借方	贷方
固定资产	借	7 805 822.00	
固定资产减值准备	平		
固定资产清理	平		
待处理财产损益	平		
累计折旧	贷		1 685 168.33
无形资产	借	480 000.00	
累计摊销	贷		60 000.00
制造费用	平		
递延所得税资产	借	5 000.00	
短期借款	贷		980 000.00
应付票据	贷		140 000.00
应付账款	贷		665 875.00
预收账款	贷		10 683.67
应付职工薪酬	贷		91 522.00
应交税费	贷		77 072.33
应付利息	贷		33 825.00
应付股利	平		
其他应付款	贷		50 550.00
长期借款	贷		820 000.00
递延所得税负债	贷		9 450.00
实收资本	贷		7 850 000.00
资本公积	贷		280 000.00
盈余公积	贷		470 104.70
本年利润	贷		1 810 000.00
利润分配	贷		922 629.54
主营业务收入	平		
其他业务收入	平		
投资收益	平		
公允价值变动损益	平		
主营业务成本	平		
税金及附加	平		
销售费用	平		
管理费用	平		
财务费用	平		

（续表）

总账科目	借贷方向	借方	贷方
营业外支出	平		
资产减值损失	平		
信用减值损失	平		
所得税费用	平		
合计	—	16 006 880.57	16 006 880.57

（二）永久性账户明细分类账期初余额

2019 年 11 月 30 日，烟台兴茂机械制造有限公司永久性账户明细分类账及期初余额如表 5-2 所示。

注：明细分类账余额为 0 的科目是指期初余额为 0，但在 12 月份的经济业务中需要用到的明细分类账科目，学生在建账时可将期初余额为 0 的明细账科目名称同时建好。

表 5-2　明细分类账及期初余额

总账科目	明细科目	借贷方向	余额	账户类型
库存现金		借	7 130.00	日记账
银行存款	农业银行	借	1 979 307.72	日记账
其他货币资金	银行本票存款	借	140 000.00	三栏式
交易性金融资产	股票投资——浪潮软件/成本	借	900 000.00	三栏式
	股票投资——浪潮软件/公允价值变动	借	94 500.00	三栏式
应收票据	银行承兑汇票——烟台凯马汽车制造公司	借	75 000.00	三栏式
	银行承兑汇票——青岛通达汽车配件公司	平	0	三栏式
	银行承兑汇票——烟台三立有限公司	平	0	三栏式
	银行承兑汇票——泰安银光电子公司	平	0	三栏式
应收账款	威海东恒公司	借	331 233.00	三栏式
	青岛通达汽车配件公司	借	430 000.00	三栏式
	青岛山海机械有限公司	借	5 366.00	三栏式
	烟台三立有限公司	借	755 665.71	三栏式
	济南西城机械有限公司	平	0	三栏式
应收股利		平	0	三栏式
应收利息		平	0	三栏式
坏账准备	应收账款	贷	50 000.00	三栏式
预付账款	预付报刊订阅费	借	275.23	三栏式
	预付车辆保险费	借	149.37	三栏式

（续表）

总账科目	明细科目	借贷方向	余额	账户类型
	青岛广源钢材有限公司	借	30 000.00	三栏式
其他应收款	刘星	借	5 000.00	三栏式
	李强	平	0	三栏式
	重庆华宇机械有限公司	平	0	三栏式
	基本养老保险费	借	6 101.76	三栏式
	失业保险费	借	228.72	三栏式
	基本医疗保险费	借	1 525.44	三栏式
	住房公积金	借	7 321.76	三栏式
	赵小英	平	0	三栏式
	济南曼华包装有限公司	平	0	三栏式
原材料	钢板	借	245 000.00	数量金额式
	铝合金	借	166 250.00	数量金额式
材料采购	钢板	平	0	材料采购明细账
	铝合金	平	0	材料采购明细账
	包装盒	平	0	材料采购明细账
材料成本差异	钢板	贷	1 050.00	三栏式
	铝合金	借	2 500.00	三栏式
	包装盒	平	0	三栏式
库存商品	抗性消音器	借	843 094.00	数量金额式
	铝合金油箱	借	445 945.80	数量金额式
	有源消音器	平	0	数量金额式
委托加工物资	有源消音器	平	0	三栏式
生产成本	抗性消音器	借	256 777.27	多栏式
	铝合金油箱	借	171 356.79	多栏式
周转材料	低值易耗品——包装盒	借	11 380.00	数量金额式
债权投资	债券投资——成本	借	200 000.00	三栏式
	债券投资——利息调整	借	6 000.00	三栏式
长期股权投资	烟台天明机械装备有限公司——成本	借	600 000.00	三栏式
	烟台天明机械装备有限公司——损益调整	平	0	三栏式
固定资产	建筑物	借	2 660 000.00	三栏式
	机器设备	借	4 858 272.00	三栏式

(续表)

总账科目	明细科目	借贷方向	余额	账户类型
	办公设备	借	287 550.00	三栏式
累计折旧	建筑物	贷	665 000.00	三栏式
	机器设备	贷	931 168.33	三栏式
	办公设备	贷	89 000.00	三栏式
固定资产减值准备		平	0	三栏式
固定资产清理		平	0	三栏式
待处理财产损溢	待处理流动资产损溢	平	0	三栏式
无形资产	专利	借	480 000.00	三栏式
累计摊销	专利	贷	60 000.00	三栏式
递延所得税资产		借	5 000.00	三栏式
短期借款	中国农业银行	贷	980 000.00	三栏式
应付票据	烟台伟业有限公司	贷	90 000.00	三栏式
	青岛广源钢材有限公司	贷	50 000.00	三栏式
应付账款	烟台伟业有限公司	贷	210 000.00	三栏式
	济南星光公司	贷	262 000.00	三栏式
	中通工业集团	贷	193 875.00	三栏式
	烟台市自来水公司	平	0	三栏式
	烟台市供电局	平	0	三栏式
预收账款	山东恒通汽车制造有限公司	贷	6 096.53	三栏式
	烟台神通电气有限公司	贷	4 587.14	三栏式
	济南信达汽车配件有限公司	平	0	三栏式
应付职工薪酬	工资	贷	91 522.00	三栏式
	社会保险金	平	0	三栏式
	工会经费	平	0	三栏式
	住房公积金	平	0	三栏式
应交税费	应交增值税	平	0	应交税费应交增值税明细账
	未交增值税	贷	62 565.00	三栏式
	应交城建税	贷	4 379.55	三栏式
	应交教育费附加	贷	1 251.30	三栏式
	应交印花税	贷	376.48	三栏式
	应交企业所得税	贷	8 500.00	三栏式
	应交房产税	平	0	三栏式

（续表）

总账科目	明细科目	借贷方向	余额	账户类型
	应交土地使用税	平	0	三栏式
应付利息	长期借款利息	贷	33 825.00	三栏式
应付股利		平	0	三栏式
其他应付款	保证金	贷	50 550.00	三栏式
长期借款	中国工商银行	贷	820 000.00	三栏式
递延所得税负债		贷	9 450.00	三栏式
实收资本	烟台兴鲁机械制造有限公司	贷	7 000 000.00	三栏式
	烟台飞达机械设备有限公司	贷	850 000.00	三栏式
	烟台海德专用车有限公司	平	0	三栏式
资本公积	其他资本公积	贷	280 000.00	三栏式
	资本溢价	平	0	三栏式
盈余公积	法定盈余公积	贷	235 052.35	三栏式
	任意盈余公积	贷	235 052.35	三栏式
本年利润		贷	1 810 000.00	三栏式
利润分配	提取法定盈余公积	平	0	三栏式
	提取任意盈余公积	平	0	三栏式
	应付股利	平	0	三栏式
	未分配利润	贷	922 629.54	三栏式

（三）临时性账户明细分类账

2019 年 11 月 30 日，烟台兴茂机械有限公司临时性账户明细分类账如表 5-3 所示。

注：临时性账户的明细分类账已在 11 月 30 日结转损益，因此期初余额均为 0。为避免学生漏登临时性账户明细分类账，建议学生在建账时，同时将临时性明细分类账的科目名称建好。

表 5-3 临时性账户明细分类账

总账科目	明细科目	借贷方向	余额	账户类型
主营业务收入	抗性消音器	平	0	三栏式
	铝合金油箱	平	0	三栏式
	有源消音器	平	0	三栏式
其他业务收入	固定资产出租	平	0	三栏式
投资收益		平	0	三栏式
公允价值变动损益		平	0	三栏式

（续表）

总账科目	明细科目	借贷方向	余额	账户类型
资产减值损失		平	0	三栏式
信用减值损失		平	0	三栏式
主营业务成本	抗性消音器	平	0	三栏式
	铝合金油箱	平	0	三栏式
	有源消音器	平	0	三栏式
税金及附加		平	0	三栏式
销售费用	广告费	平	0	多栏式
	展览会费用	平	0	多栏式
	职工薪酬	平	0	多栏式
	水电费	平	0	多栏式
	包装盒	平	0	多栏式
管理费用	差旅费	平	0	多栏式
	报刊订阅费	平	0	多栏式
	办公用品	平	0	多栏式
	业务招待费	平	0	多栏式
	维修费	平	0	多栏式
	培训费	平	0	多栏式
	职工薪酬	平	0	多栏式
	水电费	平	0	多栏式
	折旧	平	0	多栏式
	摊销	平	0	多栏式
	其他	平	0	多栏式
财务费用	利息支出	平	0	多栏式
	现金折扣	平	0	多栏式
	存款利息收入	平	0	多栏式
	其他	平	0	多栏式
营业外支出	捐赠支出	平	0	三栏式
	处置固定资产净损失	平	0	三栏式
所得税费用	当期所得税	平	0	三栏式
	递延所得税	平	0	三栏式

(四) 数量金额式账户期初余额

数量金额式账户期初余额如表 5-4 所示。

表 5-4 数量金额式账户期初余额

总账	明细	数量	单位	单价	借贷方向	金额
材料采购	钢板	0	吨		平	0
	铝合金	0	吨		平	0
	包装盒	0	个		平	0
原材料	钢板	70	吨	3 500.00	借	245 000.00
	铝合金	12.5	吨	13 300.00	借	166 250.00
周转材料	低值易耗品（包装盒）	5 690	个	2.00	借	11 380.00
库存商品	抗性消音器	3 430	件	245.80	借	843 094.00
	铝合金油箱	1 158	件	385.10	借	445 945.80
	有源消音器	0	件		平	0

(五) 生产成本多栏式账户期初余额

生产成本多栏式账户期初余额如表 5-5 所示。

表 5-5 生产成本多栏式账户期初余额

明细	原材料	燃料和动力	工资	制造费用	合计
抗性消音器	184 326.86	1 719.66	40 487.26	30 243.49	256 777.27
铝合金油箱	108 989.13	1 480.34	34 852.74	26 034.58	171 356.79

(六) 制造费用明细项目

制造费用明细项目如表 5-6 所示。

表 5-6 制造费用明细项目

项目	职工薪酬	折旧费	水电费	办公费	其他	合计

第六篇　2019 年 12 月份发生的经济业务

（共计 90 项）

【1】12 月 1 日，签发一张支票，从中国农业银行提取现金 2 500 元备用。

【2】12 月 1 日，购买 35 吨钢板材料，收到重庆华宇机械有限公司开具的增值税专用发票（号码：07660077），发票列明价款 121 975 元，增值税额 15 856.75 元。材料已验收入库，通过银行本票存款支付，支付 140 000 元，多出的金额 2 168.25 元暂作"其他应收款——重庆华宇机械有限公司"处理。公司钢板材料计划成本为 3 500 元/吨。

【3】12 月 2 日，采购员刘星重庆出差回来报销差旅费 6 900 元，出纳以现金补付预支款不足的差额 1 900 元。**（提示：采购差旅费记入"管理费用——差旅费"科目）**

【4】12 月 2 日，重庆华宇机械有限公司通过企业网上银行转来金额 2 168.25 元，系结清用银行本票存款采购钢板的余款。

【5】12 月 3 日，中国农业银行收取企业的网上银行年费 1 200 元，并收取本月的短信业务费 10 元。

【6】12 月 3 日，销售给济南西城机械有限公司抗性消音器，并开出增值税专用发票（号码：03349233），列明价款 297 964.60 元，增值税额 38 735.40 元，货已发出，货款尚未收到。**（提示：成本结转月末一次进行）**

【7】12 月 4 日，用银行存款支付 11 月份各项税费 77 072.33 元。其中未交增值税 62 565元；应交城市维护建设税 4 379.55 元；应交教育费附加 1 251.30 元；应交印花税 376.48元；应交企业所得税 8 500 元。

【8】12 月 4 日，济南西城机械有限公司发来函电，其购买的部分抗性消音器出现产品质量与合同要求质量不符情况，提出给予价款 1%折让，公司同意给予折让并开出红字专用发票（号码：03349234）。

【9】12 月 5 日，签发中国农业银行支票一张，预付上海东方汽车杂志社 3 600 元，系公司明年为各科室预定的汽车杂志费，并收到上海东方汽车杂志社开出的增值税专用发票（号码：07650043），列示价款 3 302.75 元，增值税额 297.25 元。

【10】12 月 5 日，摊销本月从上海东方汽车杂志社订阅的报刊费 275.23 元，记入"管理费用"科目。

【11】12 月 5 日，由中国农业银行转来中通企业集团委托收款凭证，要求承付中通企业集团发出的 5 吨铝合金的货款 76 275 元，承付期为 10 天，材料尚未验收入库。**（提示：该笔业务在 5 日不需要做会计核算）**

【12】12 月 6 日，收到青岛通达汽车配件公司电子银行承兑汇票一张，付讫上月发出

的货款，金额为 430 000 元，到期日为 2020 年 3 月 6 日，电子汇票已在网银中签收。

【13】12 月 8 日，向中国农业银行申请签发银行本票一张，金额为 15 000 元，交给采购员李强，拟向济南曼华包装有限公司购入包装盒。

【14】12 月 8 日，采购员李强到济南出差，预借差旅费 2 000 元，出纳以现金付讫。

【15】12 月 10 日，采购员李强用面额为 15 000 元的银行本票，向济南曼华包装有限公司购入 6 000 个包装盒，收到增值税专用发票(号码:07660548)，列明价款 12 600 元，增值税额 1 638 元。货已验收入库。收到转账支票一张，济南曼华包装有限公司已将多余款项 762 元签发转账支票付讫，转账支票当天存入中国农业银行。这批包装盒的计划成本为2 元/个。

【16】12 月 10 日，采购员李强出差回来，报销差旅费 1 550 元，差旅费余款退回现金 450 元。**(提示:采购差旅费记入"管理费用——差旅费"科目)**

【17】12 月 11 日，支付本年长期借款利息共计 36 900 元，其中支付本月利息 3 075 元，支付 1～11 月已计提利息 33 825 元。长期借款的名义利率与实际利率相同。

【18】12 月 11 日，用银行存款支付本月短期借款利息 2 250 元。

【19】12 月 12 日，一笔 200 000 元的中国农业银行短期借款到期，用企业网上银行偿还该项借款。

【20】12 月 12 日，收到济南西城机械有限公司签发的转账支票一张，用来偿还本月 3 日购货所欠货款，销售合同约定的信用条件为(2/10，N/30)，享受 2%的折扣，支票已存入中国农业银行。**(提示：现金折扣=333 333×2%=6 666.66 元，记入"财务费用——现金折扣"科目)**

【21】12 月 12 日，收到济南信达汽车配件有限公司签发的转账支票 20 000 元，系订购铝合金油箱的预付款。

【22】12 月 13 日，我公司 2019 年 9 月 18 日签发并承兑的一张商业承兑汇票到期，收到中国农业银行转来收款方(烟台伟业有限公司)托收货票款的委托收款凭证付款通知联，公司支付票款 90 000 元。

【23】12 月 13 日，收到烟台市社会保险服务中心发来的职工社会保险基金结算表，我公司已办理银行托管业务，银行账户扣款完成社会保险金缴纳。**(提示:2019 年度，烟台市企业职工社会保险月最低缴费基数为 3 465 元，我公司按烟台市最低缴费基数为职工缴纳社会保险金)**

【24】12 月 13 日，通过企业网上银行缴纳住房公积金，金额 15 328 元。**(提示:12 月份住房公积金缴存比例为职工当月工资总额的 16%，参见凭证 71-1)**

【25】12 月 13 日，签发中国农业银行支票一张，缴纳工会经费，金额 1 916 元。

【26】12 月 14 日，向中通工业集团购入 5 吨铝合金的货款承付期满，通过网上银行付讫。收到增值税专用发票(号码:07660312)，金额为 67 500 元，增值税额为 8 775 元，材料已验收入库。该批铝合金的计划成本为 13 300 元/吨。

【27】12 月 14 日，购买办公用品 A4 打印纸，收到上海晨光文具股份有限公司开来的增

值税专用发票(号码:07660907),价款929.20元,增值税额120.80元,通过网上银行支付。A4打印纸直接交付各部门使用。**(提示:办公用品生产车间领用的记入“制造费用——办公用品”科目,行政管理部门与财务部门领用的记入“管理费用——办公用品”科目)**

【28】12月14日,委托烟台勤通机床有限公司加工有源消音器160件,发出委外加工钢板10吨,我公司钢板的计划成本为3 500元。**(提示:对于委托加工的出库材料,直接核算记入“材料成本差异——钢板”科目)**

【29】12月14日,公司行政管理部门发生业务招待费490元,收到增值税电子普通发票一张,以现金付讫。

【30】12月15日,收到烟台海源广告策划有限公司开来的增值税专用发票(号码:07660339),列明价款3 773.59元,增值税额226.41元。公司开出转账支票支付广告费。

【31】12月15日,烟台神通电气有限公司与公司续签厂房租赁协议,继续租用公司部分厂房,预付2020年1～6月份的租金,并开出转账支票一张,送存中国农业银行。公司开给烟台神通电气有限公司一张增值税专用发票(号码:0349235),金额27 522.94元,增值税额2 477.06元。

【32】12月15日,销售给济南信达汽车配件有限公司铝合金油箱,并开出增值税专用发票(号码:03349236),列明价款90 044.25元,增值税额11 705.75元。货已发出,收到对方交来金额为81 750元的转账支票。**(提示:成本结转月末一次进行)**

【33】12月16日,向上海机床有限公司购进机床一台,收到增值税专用发票(号码:07660651),列示设备价款176 991.15元,增值税额23 008.85元,用银行存款全额支付。设备已达到预定可使用状态,直接交生产车间使用(增值税额可全部一次抵扣)。

【34】12月16日,因青岛山海机械有限公司破产,应收该公司5 366元不能收回,经批准确认为坏账并予以核销。**(提示:公司采用备抵法核算坏账准备)**

【35】12月16日,开出转账支票直接向烟台市儿童福利院捐赠10 000元。

【36】12月17日,销售作为交易性金融资产核算的股票(浪潮软件)15 000股,收到交割凭证一张,列示成交金额336 000元,交易费用423.50元,实际收到出售价款335 576.50元。出售日,本批出售股票的账面价值为331 500元,其中成本300 000元,公允价值变动(借方)31 500元。

【37】12月17日,根据11月份的“工资结算汇总表”,通过企业网上银行支付11月份工资,并结转社会保险与住房公积金中个人的代扣代缴部分。其中工资总额91 522元,代扣代缴社保7 855.92元,代扣代缴公积金7 321.76元,实发工资76 344.32元。**(提示:我公司通过企业网上银行支付员工工资,原始凭证附工资结算汇总表与某一员工的工资回单,其他员工工资回单略)**

【38】12月18日,签发中国农业银行转账支票一张,支付烟台兴业机电设备有限公司机器设备修理费3 350元。收到烟台兴业机电设备有限公司开出的增值税专用发票(号码07660441),列示价款2 964.60元,增值税额385.40元。

【39】12月18日,收到中国农业银行转来的烟台市自来水公司专用托收凭证,付讫款

项共计 2 048 元。已从烟台市自来水公司取得增值税专用发票(号码:07660562),列明金额 1 812.39 元,增值税额 235.61 元。**(提示:公司在月底结转水费,交纳水费时记入“应付账款”科目)**

【40】12 月 18 日,收到中国农业银行转来的烟台市供电局专用托收凭证,付讫款项共计 3 012 元。从烟台市供电局取得增值税专用发票(号码:07660680),列明价款 2 665.49 元,增值税额 346.51 元。**(提示:我公司在月底结转电费,交纳电费时记入“应付账款”科目)**

【41】12 月 18 日,生产车间的一台数控机床,因重要部件磨损严重,降低产品合格率,经批准报废转入清理。该设备原值 35 600 元,净残值率 5%,已使用 8 年,累计折旧 27 056元。**(提示:当月报废的固定资产当月继续计提折旧,该数控机床累计折旧27 056元已包含其本月折旧费)**

【42】12 月 19 日,收到烟台三立有限公司签发的银行承兑汇票一张,支付前欠货款,金额为 755 665.71 元,到期日为 2020 年 3 月 19 日。

【43】12 月 19 日,出售给烟台三立有限公司抗性消音器,并开出增值税专用发票(号码:0349237),列明价款 638 495.58 元,增值税额 83 004.42 元,货已发出,货款未收到。**(提示:成本结转月末一次进行)**

【44】12 月 20 日,将已报废的数控机床出售给烟台市废品回收公司,开出增值税专用发票(号码:0349238),列明价款 3 849.56 元,增值税额 500.44 元,收到烟台市废品回收公司开具的转账支票一张,金额 4 350 元,公司填制进账单,将支票存入中国农业银行。此项设备清理完毕,结转清理净损益。**(提示:出售报废数控机床开出增值税专用发票后,需根据增值税销项税额按 7%、3%分别核算城市维护建设税与教育费附加)**

【45】12 月 20 日,支付烟台财经大学培训我公司财务部门员工的培训费,金额 1 200 元,用现金付讫,收到收据一张。

【46】12 月 21 日,收到中国农业银行结算存款利息通知,我公司第四季度银行存款利息收入为 1 736.35 元。

【47】12 月 21 日,签发中国农业银行支票一张,金额为 9 500 元,向烟台勤通机床有限公司结算 160 件有源消音器的加工费,收到增值税专用发票(号码:07660129),列明加工费 8 407.08 元,增值税额 1 092.92 元。支票已送存银行,货物已验收入库。**(提示:委托加工的完工产品月末一次结转)**

【48】12 月 22 日,年末财产清查,发现盘亏库存商品抗性消音器 15 件,抗性消音器的成本为 245.80 元/件,盘亏金额 3 687.00 元,盘亏责任待查。

【49】12 月 23 日,向烟台伟业有限公司签发电子银行承兑汇票一张,金额 210 000 元,付讫前欠材料货款。

【50】12 月 23 日,经调查发现,22 日财产清查时盘亏的 15 件抗性消音器是由仓库管理员赵小英失误造成。经领导批准决定,仓库管理员赵小英赔偿 20%盘亏损失 737.40 元,另外 80%记入“管理费用”科目。

【51】12 月 24 日,参加在上海举办的全国汽配展览会,通过企业网上银行付讫展览会

摊位费，收到汽配展览会开出的增值税专用发票（号码：07650136），金额 1 800 元，增值税额 108 元。

【52】12 月 24 日，向泰安银光电子公司出售 160 件有源消音器，并开出增值税专用发票（号码：0349239），列明价款 53 805.31 元，增值税额 6 994.69 元，货已发出，泰安银光电子公司签发银行承兑汇票一张（号码：424537），金额 60 800 元，货款付讫。**（提示：成本结转月末一次进行）**

【53】12 月 25 日，将烟台凯马汽车制造公司 2019 年 10 月 25 日签发的银行承兑汇票向中国农业银行贴现。该汇票面值 75 000 元，3 个月到期，银行年贴现率 10%。银行扣除贴现利息 625 元，将剩余款项 74 375 元划转公司银行账户。

【54】12 月 25 日，购买 34 吨钢板材料，收到青岛广源钢材有限公司开的增值税专用发票（号码：07660515），发票列明价款 118 490 元，增值税额 15 403.70 元。材料已验收入库，我公司在上月已预交 30 000 元的预付账款，并将 24 日收到的银行承兑汇票（号码 424537）金额 60 800 元用来支付货款。钢板材料计划成本为 3 500 元/吨。

【55】12 月 26 日，通过企业网上银行支付给青岛广源钢材有限公司余款，金额 43 093.70元。

【56】12 月 26 日，签发中国农业银行转账支票一张，金额 1 900 元，预付明年车辆保险费。收到保险公司保单与增值税专用发票（号码：07664221），列示价款 1 792.45 元，增值税额 107.55 元。

【57】12 月 26 日，摊销以前预付本月负担的车辆保险费 149.37 元，两辆车使用部门为行政管理部门，记入“管理费用——其他”科目。

【58】12 月 26 日，因青岛山海机械有限公司破产，我公司于 12 月 16 日已将该公司应收款项金额 5 366 元转销。青岛山海机械有限公司破产清算过程，收回该应收款项的部分金额 1 600.80 元，款项已存入中国农业银行。

【59】12 月 27 日，现金付讫增值税税控系统技术维护费 280 元，收到增值税电子普通发票一张（号码：65802356）。将该技术维护费抵减增值税应纳税额。**[提示：增值税税控系统技术维护费可在增值税应纳税额中全额减免，记入“应交税费——应交增值税（减免税额）”科目]**

【60】12 月 27 日，确认烟台神通电气有限公司 12 月份的厂房租金收入金额 4 587.14 元。**（提示：房租收入每半年支付一次，记入“预收账款”科目，每月确认收入）**

【61】12 月 27 日，用企业网上银行支付前欠中通工业集团货款，金额 193 875 元。

【62】12 月 28 日，向中通工业集团购入 3 吨铝合金，收到增值税专用发票（号码 07660345），金额为 40 500 元，增值税额为 5 265 元，材料尚未验收入库，货款未付。

【63】12 月 28 日，委托德邦物流股份有限公司运输铝合金材料，材料已验收入库，收到物流公司开出的增值税专用发票（号码：00001278），金额 300 元，增值税额 27 元，用现金付讫。该批铝合金的计划成本为 13 300 元/吨。

【64】12 月 29 日，收到现金 737.40 元，系仓库保管员赵小英交来的罚款。

【65】12 月 30 日，依据我公司与烟台海德专用车有限公司达成的投资协议，烟台海德专用车有限公司向我公司投入价值 170 000 元铣床设备一台，我公司收到烟台海德专用车有限公司开出的增值税专用发票(号码:07660239)一张，列明价款 150 442.48 元，增值税额 19 557.52 元，铣床设备已交付我公司生产车间；我公司收到烟台海德专用车有限公司投入的货币资金 50 000 元，资金已存入中国农业银行。烟台海德专用车有限公司占我公司实收资本 200 000 元。**(提示:资本溢价＝50 000＋170 000－200 000＝20 000(元)，记入“资本公积——资本溢价”科目)**

【66】12 月 31 日，对本年 1 月 1 日购买的公司债券进行计息。该债券面值为 200 000 元，票面利率为 6%，按年计息，于次年 1 月 6 日付息，3 年后到期一次还本，公司采用的实际利率为 4.9%。该债券发行方不可以提前赎回，公司将其划分为以摊余成本计量的金融资产，年初摊余成本为 206 000 元。

【67】12 月 31 日，查明生产车间一台锻压机床账面价值为 33 154 元，因其工艺技术较落后，预计可收回金额为 28 000 元。计提固定资产减值准备。

【68】12 月 31 日，计提坏账准备。用应收账款账龄法计算年末坏账准备，应计提坏账准备金额 2 361.40 元。

【69】12 月 31 日，持有的交易性金融资产浪潮软件收盘价 22.6 元。计算交易性金融资产公允价值变动损益。

【70】12 月 31 日，收到被投资单位烟台天明机械装备有限公司报送的本年度利润表及其董事会关于利润分配的决议，烟台天明机械装备有限公司本年实现净利润 96 000 元，宣告分配现金股利 30 000 元，我公司出资比例为 30%，取得投资时，烟台天明机械装备有限公司各项可辨认资产等的公允价值与其账面价值相等。我公司对该项长期股权投资采用权益法进行后续核算，并按年确认投资收益。

【71】12 月 31 日，分摊职工薪酬费用。12 月份工资结算汇总表见凭证 71-1。工资总额 95 800 元，公司承担社会保险金 21 188.4 元，公司承担住房公积金 7 664 元，公司承担工会会费 1 916 元，具体分配见凭证 71-3、凭证 71-4、凭证 71-5、凭证 71-6。各产品的生产成本共用职工薪酬费用采用实耗生产工时比例进行分配，见凭证 71-2。

【72】12 月 31 日，分配结转 12 月份水费。水费按部门分摊，分摊率见凭证 72。水费总额 1 812.39 元。各产品的生产成本共用水费用采用实耗生产工时比例进行分配。

【73】12 月 31 日，分配结转 12 月份电费。电费按部门分摊，分摊率见凭证 73。12 月份电费总额 2 665.49 元。各产品的生产成本共用电费用采用实耗生产工时比例进行分配，见表 73-2。

【74】12 月 31 日，固定资产采用直线法计提折旧。建筑物原值 2 660 000 元，使用年限 20 年，残值率 5%；机器设备原值 4 858 272 元，使用年限 10 年，残值率 5%；办公设备原值 287 550 元，使用年限 5 年，残值率 4%。见凭证 74-1 固定资产折旧计算表、凭证 74-2固定资产折旧的分配表。

【75】12 月 31 日，计提无形资产摊销。专利原值 480 000 元，使用年限 10 年，残值率

5%，采用直线摊销法。**（提示：摊销费用记入“管理费用——摊销”科目）**

【76】12月31日，分配结转制造费用。31日，结转前“制造费用”账户余额61 689.08元，其中“制造费用——办公用品”464.60元，“制造费用——水电费”895.58元，“制造费用——职工薪酬”12 656.84元，“制造费用——折旧”47 672.06元。各产品的生产成本共用制造费用采用实耗生产工时比例进行分配。

【77】12月31日，根据本月材料领用单，分配直接材料。

【78】12月31日，结转本月完工产品。截至本月底，抗性消音器完工产品数量1 250件，铝合金油箱完工产品数量450件。抗性消音器在产品第四道工序结束，完成率为90%；铝合金油箱在产品第三道工序结束，完成率为80%。

【79】12月31日，采用加权平均法结转主营业务成本。

【80】12月31日，结转低值易耗品包装盒。出售铝合金油箱时，需要将产品装入包装盒。本月共销售铝合金油箱185件，耗用包装盒185个，记入“销售费用——包装盒”科目，并结转材料成本差异。

【81】12月31日，计算并结转本月未交增值税。

【82】12月31日，计提本月城市维护建设税、教育费附加。

【83】12月31日，计提本月印花税。

【84】12月31日，计提本季度城镇土地使用税、房产税。房产原值2 660 000元，其中出租房产原值900 000。自用房产税计税比例70%，税率1.2%。出租房产第四季度收入13 761.42元，税率12%。土地等级：城市土地——土地二级，税额标准8元，土地总面积2 600平方米。

【85】12月31日，期末将各项收益及各项成本费用结转至“本年利润”账户。

【86】12月31日，计算所得税费用。对本月利润总额进行纳税调整，计算本月应纳所得税额，确认递延所得税资产和负债的增减变动，确认本月的所得税费用。公司全年职工薪酬，属于按照企业所得税法规定允许税前扣除的职工薪酬支出。2019年1～11月累计销售收入为10 905 248.54元，2019年1～11月累计业务招待费为8 440元。2019年1～11月累计利润总额为1 955 555.56元，1～11月累计预缴企业所得税为145 555.56元。2019年1～11月无其他应纳税调整事项，该公司的所有纳税调整事项均在12月份进行，并估计未来能够取得足够的应纳税所得额供利用可抵扣暂时性差异。

【87】12月31日，结转所得税费用20 517.35元至“本年利润”账户。

【88】12月31日，根据股东大会决议，分别按全年税后利润1 986 318.98元的10%提取法定盈余公积，按10%提取任意盈余公积。

【89】按出资比例向投资方分配股利300 000元。现金股利尚未发放。

【90】12月31日，结转本年净利润与本年已分配利润。将“本年利润”余额结转至“利润分配——未分配利润”账户，将“利润分配”账户其余明细账户的余额，转入“利润分配——未分配利润”账户。

第七篇　实验原始凭证

凭证 1-1

中国农业银行
现金支票存根
10201192
49860453

烟台证券印制有限公司·2019年印制

附加信息

出票日期 2019年12月01日
收款人： 烟台兴茂机械制造有限公司
金额： ¥2 500.00
用途： 提取备用金

单位主管 张　丽　**会计** 李丰富

凭证 1-2

中国农业银行　AGRICULTURAL BANK OF CHINA　**网上银行电子回单**

电子回单号码：37600569453297971457

付款方	账　号	15376201040000182	收款方	账　号	
	户　名	烟台兴茂机械制造有限公司		户　名	
	开户行	中国农业银行烟台莱山区支行		开户行	
金额（小写）		¥2 500.00	金额（大写）		贰仟伍佰元整
币种		人民币	交易渠道		BTER
摘要		备用金	凭证号		15376201040000182
交易时间		2019-12-01 10:15:34	会计日期		20191201
附言		提取备用金			

中国农业银行股份有限公司 回单专用章

打印日期：2019-12-01

凭证 2-1

5000191140 **重庆增值税专用发票** No 07660077 5000191140 07660077

重庆 抵扣联

开票日期：2019年12月01日

购买方	名　　称：烟台兴茂机械制造有限公司 纳税人识别号：913706129662088957 地 址、电 话：烟台市莱山区港城街100号0535-6900119 开户行及账号：农行烟台莱山区支行15376201040000182	密码区	1<6<6>**580331/373>67<599<< ++8+505>4-<+>/0<38+70/420/> 09>>+-*93+>6401/3/4541*2<-3 -*2+88++5/320+6+*<2<>0+19<7

货物或应税劳务、服务名称	规格型号	单位	数　量	单　价	金　额	税 率	税　额
*钢板		吨	35	3485.00	121975.00	13%	15856.75
合　　计					¥121975.00		¥15856.75
价税合计（大写）	⊗壹拾叁万柒仟捌佰叁拾壹圆柒角伍分				（小写）¥137831.75		

销货方	名　　称：重庆华宇机械有限公司 纳税人识别号：91550115781577567H 地 址、电 话：重庆市海港路77号023-8956787 开户行及账号：工行重庆港海港路支行31370334400005578	备注	重庆华宇机械有限公司 91550115781577567H 发票专用章

收款人：王林　　复核：刘国良　　开票人：王林　　销售方：（章）

第二联：抵扣联　购买方抵扣凭证

凭证 2-2

5000191140 **重庆增值税专用发票** No 07660077 5000191140 07660077

重庆 发票联

开票日期：2019年12月01日

购买方	名　　称：烟台兴茂机械制造有限公司 纳税人识别号：913706129662088957 地 址、电 话：烟台市莱山区港城街100号0535-6900119 开户行及账号：农行烟台莱山区支行15376201040000182	密码区	1<6<6>**580331/373>67<599<< ++8+505>4-<+>/0<38+70/420/> 09>>+-*93+>6401/3/4541*2<-3 -*2+88++5/320+6+*<2<>0+19<7

货物或应税劳务、服务名称	规格型号	单位	数　量	单　价	金　额	税 率	税　额
*钢板		吨	35	3485.00	121975.00	13%	15856.75
合　　计					¥121975.00		¥15856.75
价税合计（大写）	⊗壹拾叁万柒仟捌佰叁拾壹圆柒角伍分				（小写）¥137831.75		

销货方	名　　称：重庆华宇机械有限公司 纳税人识别号：91550115781577567H 地 址、电 话：重庆市海港路77号023-8956787 开户行及账号：工行重庆港海港路支行31370334400005578	备注	重庆华宇机械有限公司 91550115781577567H 发票专用章

收款人：王林　　复核：刘国良　　开票人：王林　　销售方：（章）

第三联：发票联　购买方记账凭证

凭证 2-3

付款期限 壹个月	中国农业银行 本　票	2 地 EB 名 03　00000666

出票日期（大写）　贰零壹玖 年　拾壹 月 贰拾伍 日

收款人：重庆华宇机械有限公司			申请人：烟台兴茂机械制造有限公司
凭票即付	人民币（大写）	壹拾肆万元整	¥140 000.00
转账	现金	中国农业银行 102331002622 本票专用章　王丽娜　银行签章	科目（付） 对方科目（收） 兑付日期　年　月　日 出纳　复核　经办
备注：			

凭证 2-4

收 料 单

No. 2090738

供货单位：重庆华宇机械有限公司

发票号码：07660077

2019年12月1日

材料类别	名称及规格	计量单位	数量		实际成本		计划成本		差异
			应收	实收	单价	金额	单价	金额	
钢板		吨	35	35	3 485.00	121 975.00	3 500.00	122 500.00	-525.00
合　计		吨	35	35	3 485.00	121 975.00	3 500.00	122 500.00	-525.00

记账联

质量检验：刘伟　　收料：赵小英

凭证 3

烟台兴茂机械制造有限公司差旅费报销单

填表日期:2019年12月2日

出差人姓名		刘星			所属部门		采购部		
出差地点		重庆			起止日期		自11月28日至12月2日，共5天		
出差事由	购买钢板材料								
交通及住宿费	种类	单据张数	开支金额	核准金额	出差补助费	种类	天数	标准	金额
	城市间交通费	11	4 580.00	4 580.00		伙食补贴	5	100.00	500.00
	住宿费	2	1 520.00	1 520.00		公杂补贴	5	60.00	300.00
	小计		6 100.00	6 100.00		小计		现金付讫	800.00
金额合计	（大写）陆仟玖佰元整							￥6 900.00元	
报销结算情况	原出差借款	￥5 000.00			报销金额		￥6 900.00		
	退回金额				补发金额		￥1 900.00		

经办人：刘星　部门经理：刘英杰　财务经理：张丽　总经理：孔祥瑞　出纳：王小刚

凭证 4

中国农业银行 AGRICULTURAL BANK OF CHINA　　**网上银行电子回单**

电子回单号码：37650400934327427307					
付款方	账号	31370334400005578	收款方	账号	15376201040000182
	户名	重庆华宇机械有限公司		户名	烟台兴茂机械制造有限公司
	开户行	中国工行银行重庆港海港路支行		开户行	中国农业银行烟台莱山区支行
金额（小写）		￥2 168.25	金额（大写）		贰仟壹佰陆拾捌元贰角伍分
币种		人民币	交易渠道		EBNK
摘要		材料多余款	凭证号		15376201040000182
交易时间		2019-12-02 10:32:15	会计日期		20191202
附言		中国农业银行股份有限公司 回单专用章			

打印日期：2019-12-02

凭证 5-1

中国农业银行 AGRICULTURAL BANK OF CHINA　　**网上银行电子回单**

电子回单号码：37600569453297971874					
付款方	账　号	15376201040000182	收款方	账　号	15386201940053010
	户　名	烟台兴茂机械制造有限公司		户　名	中国农业银行烟台莱山区支行
	开户行	中国农业银行烟台莱山区支行		开户行	3862
金额（小写）		¥1 200.00	金额（大写）		壹仟贰佰元整
币种		人民币	交易渠道		BTER
摘要		转账取款	凭证号		15376201040000182
交易时间		2019-12-03 14:22:10	会计日期		20191203
附言		企业网银年费　中国农业银行股份有限公司 回单专用章			

打印日期：2019-12-03

凭证 5-2

中国农业银行 AGRICULTURAL BANK OF CHINA　　**网上银行电子回单**

电子回单号码：37600569453297971349					
付款方	账　号	15376201040000182	收款方	账　号	15386201940053010
	户　名	烟台兴茂机械制造有限公司		户　名	中国农业银行烟台莱山区支行
	开户行	中国农业银行烟台莱山区支行		开户行	3862
金额（小写）		¥10.00	金额（大写）		壹拾元整
币种		人民币	交易渠道		BTER
摘要		转账取款	凭证号		15376201040000182
交易时间		2019-12-03 14:22:17	会计日期		20191203
附言		短信费　中国农业银行股份有限公司 回单专用章			

打印日期：2019-12-03

凭证 6

3700193130　山东增值税专用发票　No 03349233　3700193130　03349233

此联不作报销、扣税凭证使用

开票日期：2019年12月03日

购买方	名　　　称：济南西城机械有限公司 纳税人识别号：913701042644188211 地　址、电　话：济南市槐荫区济兖路147号0531-87980451 开户行及账号：齐鲁银行济南段店支行117141400000004653	密码区	1<6<6>**5803312578<>*9974>< ++53>15>4-<+>/0<38+70/420/> 09>>+-*93+>6401/3/454115/+- -*2+88++5/320+6+*<2<>0--+15

货物或应税劳务、服务名称	规格型号	单位	数　量	单　价	金　　额	税　率	税　　额
*工业车辆*抗性消音器		件	910	327.4336264	297964.60	13%	38735.40
合　　计					¥297964.60		¥38735.40
价税合计（大写）	⊗叁拾叁万陆仟柒佰圆整				（小写）¥336700.00		

销货方	名　　　称：烟台兴茂机械制造有限公司 纳税人识别号：913706129662088957 地　址、电　话：烟台市莱山区港城街100号0535-6900119 开户行及账号：农行烟台莱山区支行15376201040000182	备注	烟台兴茂机械制造有限公司 913706129662088957 发票专用章

收款人：王小刚　复核：王小刚　开票人：李丰富　销售方：（章）

第一联：记账联　销售方记账凭证

凭证 7-1

中华人民共和国
税收完税证明

（162）鲁国证 01037286

填发日期：2019年 12月 04 日　税务机关：烟台莱山区国家税务局纳税服务科

纳税人识别号	913706129662088957			纳税人名称	烟台兴茂机械制造有限公司
原凭证号	税　种	品目名称	税款所属时期	入（退）库日期	实缴（退）金额
320191204000108779	增值税	其他制造业（13%）	2019-11-01至2019-11-30	2019-12-04	62 565.00
金额合计	（大写）陆万贰仟伍佰陆拾伍元整				¥62 565.00
烟台莱山区国家税务局 税务机关 12号 税收专用章	填票人 张一静	备注 （162）鲁国证01037286 主管税务所（科、分局）：烟台莱山区国家税务局税源管理一科 电子税票号码：320191204000015123			

妥善保管、手写无效

第一联（收据）交纳税人作完税证明

凭证 7-2

中国农业银行 AGRICULTURAL BANK OF CHINA　　**网上银行电子回单**

电子回单号码：37550229492622354278					
付款方	账 号	15376201040000182	收款方	账 号	2560
	户 名	烟台兴茂机械制造有限公司		户 名	国家金库烟台市莱山区支库
	开户行	中国农业银行烟台莱山区支行		开户行	1513100000
金额（小写）		¥62 565.00	金额（大写）		陆万贰仟伍佰陆拾伍元整
币种		人民币	交易渠道		TIPS
摘要		公共缴费	凭证号		15376201040000182
交易时间		2019-12-04 11:13:14	会计日期		20191204
附言		增值税实时扣税请求（3001）			

中国农业银行股份有限公司 回单专用章

打印日期：2019-12-04

凭证 7-3

中华人民共和国
税收完税证明

（161）鲁国证 04371059

填发日期：2019年 12月 04 日　　税务机关：国家税务总局烟台市税务局

纳税人识别号	913706129662088957		纳税人名称	烟台兴茂机械制造有限公司	
原凭证号	税　种	品目名称	税款所属时期	入（退）库日期	实缴（退）金额
320191204000101379	城市维护建设税	市区	2019-11-01至2019-11-30	2019-12-04	4 379.55
320191204000101379	教育费附加	增值税教育费附加	2019-11-01至2019-11-30	2019-12-04	1 251.30
金额合计	（大写）人民币伍仟陆佰叁拾元捌角伍分				¥5 630.85
税务机关 烟台莱山区国家税务局 12号 税收专用章	填票人 张元	备注 （161）鲁国证04371059 主管税务所（科、分局）：烟台莱山区国家税务局税源管理一科 电子税票号码：320191204000019305			

第一联（收据）交纳税人作完税证明

妥善保管、手写无效

凭证 7-4

中国农业银行 **网上银行电子回单**

AGRICULTURAL BANK OF CHINA

电子回单号码：37550229492622354256					
付款方	账 号	15376201040000182	收款方	账 号	2560
	户 名	烟台兴茂机械制造有限公司		户 名	国家金库烟台市莱山区支库
	开户行	中国农业银行烟台莱山区支行		开户行	1513100000
金额（小写）		¥5 630.85	金额（大写）		伍仟陆佰叁拾元捌角伍分
币种		人民币	交易渠道		TIPS
摘要		公共缴费	凭证号		15376201040000182
交易时间		2019-12-04 11:13:20	会计日期		20191204
附言		城市维护建设税、教育费附加实时扣税请求（3001）			

中国农业银行股份有限公司 回单专用章

打印日期：2019-12-04

凭证 7-5

中华人民共和国
税收完税证明

（161）鲁国证 04371060

填发日期：2019年 12月 04 日　　税务机关：国家税务总局烟台市税务局

纳税人识别号	913706129662088957		纳税人名称	烟台兴茂机械制造有限公司	
原凭证号	税 种	品目名称	税款所属时期	入（退）库日期	实缴（退）金额
320191204000109177	印花税	经济合同	2019-11-01至2019-11-30	2019-12-04	376.48
金额合计	（大写）人民币叁佰柒拾陆元肆角捌分				¥376.48
税务机关（盖章） 烟台莱山区国家税务局 12号 税收专用章	填票人 张元	备注 （161）鲁国证04371060 主管税务所（科、分局）：烟台莱山区国家税务局税源管理一科 电子税票号码：320191204000020281			

第一联（收据）交纳税人作完税证明

妥善保管、手写无效

凭证 7-6

中国农业银行 AGRICULTURAL BANK OF CHINA **网上银行电子回单**

电子回单号码：37550229492622354385					
付款方	账 号	15376201040000182	收款方	账 号	2560
	户 名	烟台兴茂机械制造有限公司		户 名	国家金库烟台市莱山区支库
	开户行	中国农业银行烟台莱山区支行		开户行	1513100000
金额（小写）		¥376.48	金额（大写）		叁佰柒拾陆元肆角捌分
币种		人民币	交易渠道		TIPS
摘要		公共缴费	凭证号		15376201040000182
交易时间		2019-12-04 11:14:18	会计日期		20191204
附言		印花税实时扣税请求（3001）			

打印日期：2019-12-04

凭证 7-7

中 华 人 民 共 和 国
税 收 完 税 证 明

（161）鲁国证 04371063

填发日期：2019年 12月 04 日　　税务机关：国家税务总局烟台市税务局

纳税人识别号	913706129662088957		纳税人名称	烟台兴茂机械制造有限公司	
原凭证号	税 种	品目名称	税款所属时期	入（退）库日期	实缴（退）金额
320191204000101706	企业所得税		2019-11-01至2019-11-30	2019-12-04	8 500.00
金额合计	（大写）人民币捌仟伍佰元整				¥8 500.00
税务机关	填票人 张元	备注 （161）鲁国证04371063 主管税务所（科、分局）：烟台莱山区国家税务局税源管理一科 电子税票号码：320191204000020321			

第一联（收据）交纳税人作完税证明

妥善保管、手写无效

凭证 7-8

中国农业银行 AGRICULTURAL BANK OF CHINA　　网上银行电子回单

电子回单号码：37550229492622354410					
付款方	账号	15376201040000182	收款方	账号	2560
	户名	烟台兴茂机械制造有限公司		户名	国家金库烟台市莱山区支库
	开户行	中国农业银行烟台莱山区支行		开户行	1513100000
金额（小写）		¥8 500.00	金额（大写）		捌仟伍佰元整
币种		人民币	交易渠道		TIPS
摘要		公共缴费	凭证号		15376201040000182
交易时间		2019-12-04 11:14:36	会计日期		20191204
附言		企业所得税实时扣税请求（3001）			

（印章：中国农业银行股份有限公司 回单专用章）

打印日期：2019-12-04

凭证 8

3700193130　　山东增值税专用发票　　No 03349234　3700193130 03349234

此联不作报销、扣税凭证使用　　开票日期：2019年12月04日

购买方	名称：济南西城机械有限公司 纳税人识别号：913701042644188211 地址、电话：济南市槐荫区济兖路147号0531-87980451 开户行及账号：齐鲁银行济南段店支行117141400000004653				密码区	1<6<6>**5803312578<>*9974>< ++53>15>4-<+>/0<38+70/420/> 09>>+-*93+>6401/3/454115/+- -*2+88++5/320+6+*<2<>0--+15		
货物或应税劳务、服务名称	规格型号	单位	数量	单价	金额	税率	税额	
*工业车辆*抗性消音器		件	-910	3.2743407	-2979.65	13%	-387.35	
合计					¥-2979.65		¥-387.35	
价税合计（大写）	（负数）⊗叁仟叁佰陆拾柒圆整				（小写）¥-3367.00			
销货方	名称：烟台兴茂机械制造有限公司 纳税人识别号：913706129662088957 地址、电话：烟台市莱山区港城街100号0535-6900119 开户行及账号：农行烟台莱山区支行15376201040000182				备注			

第一联：记账联　销售方记账凭证

收款人：王小刚　　复核：王小刚　　开票人：李丰富　　销售方：（章）

（印章：烟台兴茂机械制造有限公司 913706129662088957 发票专用章）

凭证 9-1

中国农业银行
转账支票存根
10201110
49860631

烟台证券印制有限公司 · 2019年印制

附加信息

出票日期 2019年12月05日
收款人： 上海东方汽车杂志社
金额： ¥3 600.00
用途： 报刊订阅费

单位主管 张 丽 **会计** 李丰富

凭证 9-2

中国农业银行 AGRICULTURAL BANK OF CHINA **网上银行电子回单**

电子回单号码：37600569453297971782					
付款方	账 号	15376201040000182	收款方	账 号	31280314300007566
	户 名	烟台兴茂机械制造有限公司		户 名	上海东方汽车杂志社
	开户行	中国农业银行烟台莱山区支行		开户行	中国农业银行上海新城路支行
金额（小写）		¥3 600.00	金额（大写）		叁仟陆佰元整
币种		人民币	交易渠道		BTER
摘要		转账取款	凭证号		15376201040000182
交易时间		2019-12-05 16:18:16	会计日期		20191205
附言		中国农业银行股份有限公司 回单专用章			

打印日期：2019-12-05

凭证 9-3

3100191130 **上海增值税专用发票** No 07650043 3100191130 07650043

抵扣联

开票日期：2019年12月05日

购买方	名　　称：烟台兴茂机械制造有限公司 纳税人识别号：913706129662088957 地 址、电 话：烟台市莱山区港城街100号0535-6900119 开户行及账号：农行烟台莱山区支行15376201040000182	密码区	1<6<6>**580331/373>67123++1 ++8+505>4-<+>/0<3805>5-+/75 09>>+-*93+>6401/3/4541*2*01 -*2+88++5/320+6+*<2<>0+-302

货物或应税劳务、服务名称	规格型号	单位	数 量	单 价	金 额	税 率	税 额
*杂志费		本	24	137.6145833	3302.75	9%	297.25
合　计					¥3302.75		¥297.25
价税合计（大写）	⊗叁仟陆佰圆整				（小写）¥3600.00		

销货方	名　　称：上海东方汽车杂志社 纳税人识别号：91310115132351612J 地 址、电 话：浦东新区泥城镇新城路14号021-52690541 开户行及账号：农业银行上海新城路支行31280314300007566	备注	上海东方汽车杂志社 91310115132351612J 发票专用章

收款人：郭天慧　　复核：郭天慧　　开票人：陈宇鹏　　销售方

第二联：抵扣联　购买方抵扣凭证

凭证 9-4

3100191130 **上海增值税专用发票** No 07650043 3100191130 07650043

发票联

开票日期：2019年12月05日

购买方	名　　称：烟台兴茂机械制造有限公司 纳税人识别号：913706129662088957 地 址、电 话：烟台市莱山区港城街100号0535-6900119 开户行及账号：农行烟台莱山区支行15376201040000182	密码区	1<6<6>**580331/373>67123++1 ++8+505>4-<+>/0<3805>5-+/75 09>>+-*93+>6401/3/4541*2*01 -*2+88++5/320+6+*<2<>0+-302

货物或应税劳务、服务名称	规格型号	单位	数 量	单 价	金 额	税 率	税 额
*杂志费		本	24	137.6145833	3302.75	9%	297.25
合　计					¥3302.75		¥297.25
价税合计（大写）	⊗叁仟陆佰圆整				（小写）¥3600.00		

销货方	名　　称：上海东方汽车杂志社 纳税人识别号：91310115132351612J 地 址、电 话：浦东新区泥城镇新城路14号021-52690541 开户行及账号：农业银行上海新城路支行31280314300007566	备注	上海东方汽车杂志社 91310115132351612J 发票专用章

收款人：郭天慧　　复核：郭天慧　　开票人：陈宇鹏　　销售方

第三联：发票联　购买方记账凭证

凭证 10

杂志费摊销明细

单位：烟台兴茂机械制造有限公司　　　　所属摊销期间2019年12月

项目	对方科目	入账日期	入账金额	月摊销额	已摊销期数	已摊销额	本月应摊销额
杂志费	预付账款	2019-1-5	￥3 302.76	￥275.23	11	￥3 027.53	￥275.23

会计：李丰富　　财务主管：张　丽　　制单：

凭证 11

中国农业银行 AGRICULTURAL BANK OF CHINA　**托收承付凭证（承付 支款）通知**　5　第　号

托收号码：

承付限期 到期2019年12月15日

委托日期：2019年12月05日

付款人	全　称	烟台兴茂机械制造有限公司	收款人	全　称	中国企业集团
	账号或地址	15376201040000182		账　号	15376210040000238
	开户银行	中国农业银行烟台莱山区支行		开户银行	中国农业银行烟台牟平区西关分理处

托收金额	人民币（大写）	亿	千	百	十	万	千	百	十	元	角	分
	柒万陆仟贰佰柒拾伍元整				￥	7	6	2	7	5	0	0

款项内容	托收货款	托收凭据名称		附寄单证张数	TIPS
商品发送情况			合同名称号码		

备注：

收款人开户银行收到日期：　年　月　日

收款人开户银行签章　年　月　日

（印章：中国农业银行 烟台莱山区支行 业务受理章 07）

凭证 12

中国农业银行 AGRICULTURAL BANK OF CHINA　　　　电子银行承兑汇票

出票日期：2019-12-06　　　　票据状态：已签收
汇票到期日：2020-03-06　　　　票据号码：131345608820220180625212626726

出票人	账 号	15375568900002364	收款方	账 号	15376201040000182
	全 称	青岛通达汽车配件公司		全 称	烟台兴茂机械制造有限公司
	开户行	中国农业银行青岛静安路支行		开户行	中国农业银行烟台莱山区支行
	开户行号	103452001014		开户行号	103456039410
出票人保证信息		保证人账号： 保证人名称：	保证人开户行： 保证人开户行号：		
票据金额		小写：430 000.00	人民币（大写）：肆拾叁万元整		
承兑人		承兑人账号：0 承兑人名称：中国农业银行股份有限公司青岛静安路支行	承兑人开户行： 承兑人开户行号：103393039003		
交易合同号：		-	承兑信息	出票人承诺：本汇票请予以承兑，到期无条件付款	
是否可转让：		可再转让		承兑人承兑：本汇票已经承兑，到期无条件付款 承兑日期	
承兑人保证信息		保证人账号： 保证人名称：	保证人开户行： 保证人开户行号：		
评级信息		出票人　评级主体：同安农行	信用等级：A	评级到期日：2020-03-06	
备注：					

凭证 13

付款期限 壹个月

中国农业银行
本　票

2 地 E B　00000667
名 0 3

出票日期（大写）　贰零壹玖 年　拾贰 月　零捌 日

收款人：济南曼华包装有限公司		申请人：烟台兴茂机械制造有限公司	
凭票即付	人民币（大写）	壹万伍仟元整	￥15 000.00
转账	现金	中国农业银行 102331002622 本票专用章 银行签章	科目（付） 对方科目（收） 兑付日期　年　月　日 出纳　复核　经办
备注：			

凭证 14

烟台兴茂机械制造有限公司暂支单

2019年12月08日　　编号：416

受款人	李强		
暂支事由	预支付济南采购差旅费		
暂支金额	人民币贰仟元整　¥2 000.00　现金付讫		
预计归还日期	2019年12月10日	科目	其他应收款

财会主管：张丽　记账：　出纳：王小刚　制单：　受款人签字：李强

凭证 15-1

3700191140　**山东增值税专用发票**　No 07660548　3700191140 07660548

抵扣联

开票日期：2019年12月10日

购买方	名称：烟台兴茂机械制造有限公司 纳税人识别号：913706129662088957 地址、电话：烟台市莱山区港城街100号0535-6900119 开户行及账号：农行烟台莱山区支行15376201040000182	密码区	1<6<6>**580331/373>6356*</1 ++8+505>4-<+>/0<38+75672+-/ 09>>+-*93+>6401/3/42568*-7- -*2+88++5/320+6+*<2<>0-1364

货物或应税劳务、服务名称	规格型号	单位	数量	单价	金额	税率	税额
*包装盒		个	6000	2.10	12600.00	13%	1638.00
合计					¥12600.00		¥1638.00
价税合计（大写）	⊗壹万肆仟贰佰叁拾捌圆整				（小写）¥14238.00		

销货方	名称：济南曼华包装有限公司 纳税人识别号：91370105574590654E 地址、电话：济南市天桥区龙虎山路123号 0531-87136467 开户行及账号：工行济南天桥区支行15375305780000134	备注	济南曼华包装有限公司 91370105574590654E 发票专用章

收款人：单晶　复核：　开票人：于伟杰　销售方：（章）

第二联：抵扣联 购买方抵扣凭证

凭证 15-2

3700191140 山东增值税专用发票 No 07660548 3700191140 07660548

发票联

开票日期：2019年12月10日

购买方	名称：烟台兴茂机械制造有限公司 纳税人识别号：913706129662088957 地址、电话：烟台市莱山区港城街100号0535-6900119 开户行及账号：农行烟台莱山区支行15376201040000182				密码区	1<6<6>**580331/373>6356*</1 ++8+505>4-<+>/0<38+75672+-/ 09>>+-*93+>6401/3/42568*-7- -*2+88++5/320+6+*<2<>0-1364	
货物或应税劳务、服务名称	规格型号	单位	数量	单价	金额	税率	税额
*包装盒		个	6000	2.10	12600.00	13%	1638.00
合计					¥12600.00		¥1638.00
价税合计（大写）	⊗壹万肆仟贰佰叁拾捌圆整				（小写）¥14238.00		
销货方	名称：济南曼华包装有限公司 纳税人识别号：91370105574590654E 地址、电话：济南市天桥区龙虎山路123号 0531-87136467 开户行及账号：工行济南天桥区支行15375305780000134				备注		

收款人：单晶　　复核：　　开票人：于伟杰　　销售方：（章）

济南曼华包装有限公司 91370105574590654E 发票专用章

第三联：发票联 购买方记账凭证

凭证 15-3

中国农业银行 进账单（回单）

2019 年 12 月 10 日

出票人	全称	济南曼华包装有限公司	收款人	全称	烟台兴茂机械制造有限公司
	账号	15375305780000134		账号	15376201040000182
	开户银行	中国工商银行天桥区支行		开户银行	中国农业银行烟台莱山区支行
金额	人民币（大写）	柒佰陆拾贰元整	已受理	亿千百十万千百十元角分	¥76200
票据种类	支票	票据张数	1		
票据号码	06224906				

此联是开户银行交给持票人的回单

凭证 15-4

收 料 单

No. 209739

供货单位：济南曼华包装有限公司

发票号码：07660548

2019年12月10日

材料类别	名称及规格	计量单位	数量		实际成本（元）		计划成本（元）		差异
			应收	实收	单价	金额	单价	金额	
包装盒		个	6 000	6 000	2.10	12 600.00	2.00	12 000.00	600.00
合 计		个	6 000	6 000	2.10	12 600.00	2.00	12 000.00	600.00

记账联

质量检验：刘伟　　收料：赵小英

凭证 16

烟台兴茂机械制造有限公司差旅费报销单

填表日期：2019年12月10日

出差人姓名	李强			所属部门	采购部		
出差地点	济南			起止日期	自12月08日至12月10日，共3天		
出差事由	购入包装盒						
交通及住宿费 种类	单据张数	开支金额	核准金额	出差补助费 种类	天数	标准	金额
城市间交通费	5	610.00	610.00	伙食补贴	3	100.00	300.00
住宿费	1	460.00	460.00	公杂补贴	3	60.00	180.00
小计		1 070.00	1 070.00	小计			480.00
金额合计	（大写）壹仟伍佰伍拾圆整					￥1 550.00元	
报销结算情况	原出差借款	￥2 000.00		报销金额	￥1 550.00		
	退回金额	￥450.00		补发金额			

现金收讫

经办人：李强　部门经理：刘英杰　财务经理：张 丽　总经理：孔祥瑞　出纳：王小刚

凭证 17-1

长期借款利息明细

单位：烟台兴茂机械制造有限公司　　　　所属期间：2019年12月

项目	对方科目	借款日期	借款金额	借款期限	年利率	月计提应付利息额	已计提期数	已计提应付利息额	支付利息	本月应计提利息
长期借款利息	应付利息	2018-1-1	¥820 000.00	6年	4.50%	¥3 075.00	11	¥33 825.00	¥36 900.00	¥3 075.00

会计：李丰富　　财务主管：张　丽　　制单：

凭证 17-2

中国农业银行 AGRICULTURAL BANK OF CHINA　　**网上银行电子回单**

电子回单号码：37600569453297972689					
付款方	账　号	15376201040000182	收款方	账　号	15386201940053010
	户　名	烟台兴茂机械制造有限公司		户　名	中国农业银行烟台莱山区支行
	开户行	中国农业银行烟台莱山区支行		开户行	3862
金额（小写）		¥36 900.00	金额（大写）		叁万陆仟玖佰元整
币种		人民币	交易渠道		BTER
摘要		转账取款	凭证号		15376201040000182
交易时间		2019-12-11 11:24:12	会计日期		20191211
附言		长期借款利息费用			

中国农业银行股份有限公司 回单专用章

打印日期：2019-12-11

凭证 18-1

短期借款利息明细

单位：烟台兴茂机械制造有限公司　　所属期间：2019年12月

项目	对方科目	借款日期	借款期限	到期日期	借款金额	借款期限	年利率	月利息额
短期借款利息	银行存款	2018-12-12	1年	2019-12-11	¥200 000.00	1年	3.00%	¥500.00
短期借款利息	银行存款	2019-4-11	1年	2020-4-10	¥600 000.00	1年	3.50%	¥1 750.00
合计	-	-	-	-	-	-	-	¥2 250.00

会计：李丰富　　财务主管：张　丽

凭证 18-2

中国农业银行　AGRICULTURAL BANK OF CHINA　　**网上银行电子回单**

电子回单号码：37600569453297973451					
付款方	账　号	15376201040000182	收款方	账　号	15386201940053010
	户　名	烟台兴茂机械制造有限公司		户　名	中国农业银行烟台莱山区支行
	开户行	中国农业银行烟台莱山区支行		开户行	3862
金额（小写）		¥2 250.00	金额（大写）		贰仟贰佰伍拾元整
币种		人民币	交易渠道		BTER
摘要		转账取款	凭证号		15376201040000182
交易时间		2019-12-11　11:24:20	会计日期		20191211
附言		短期借款利息费用			

中国农业银行股份有限公司 回单专用章

打印日期：2019-12-11

凭证 19

中国农业银行 网上银行电子回单
AGRICULTURAL BANK OF CHINA

电子回单号码：37600569453297972689					
付款方	账号	15376201040000182	收款方	账号	15386201940053010
	户名	烟台兴茂机械制造有限公司		户名	中国农业银行烟台莱山区支行
	开户行	中国农业银行烟台莱山区支行		开户行	3862
金额（小写）		¥200 000.00	金额（大写）		贰拾万元整
币种		人民币	交易渠道		BTER
摘要		转账取款	凭证号		15376201040000182
交易时间		2019-12-12 11:24:30	会计日期		20191212
附言		偿还短期借款本金 中国农业银行股份有限公司 回单专用章			

打印日期：2019-12-12

凭证 20

中国农业银行 进账单（回 单）

2019 年 12 月 12 日

出票人	全称	济南西城机械有限公司	收款人	全称	烟台兴茂机械制造有限公司
	账号	11714140000000004653		账号	15376201040000182
	开户银行	齐鲁银行济南段店支行		开户银行	中国农业银行烟台莱山区支行
金额	人民币（大写）	叁拾贰万陆仟陆佰陆拾陆元叁角肆分 已受理	亿千百十万千百十元角分		¥ 3 2 6 6 6 6 3 4
票据种类		支票	票据张数		1
票据号码		06224431			

此联是开户银行交给持票人的回单

凭证 21

中国农业银行 进账单（回 单）

2019 年 12 月 12 日

出票人	全称	济南信达汽车配件有限公司		收款人	全称	烟台兴茂机械制造有限公司
	账号	153706431940000239			账号	15376201040000182
	开户银行	中国农业银行济南市中区支行			开户银行	中国农业银行烟台莱山区支行
金额	人民币（大写）	贰万元整	已受理		亿千百十万千百十元角分	¥2000000
票据种类		支票	票据张数	1		
票据号码		06222180				

此联是开户银行交给持票人的回单

凭证 22-1

中国农业银行 委托收款凭证（付账通知）

AGRICULTURAL BANK OF CHINA

5 第 号

托收号码：

承付限期
到期2019年12月18日

委托日期：2019年12月13日

付款人	全 称	烟台兴茂机械制造有限公司		收款人	全 称	烟台伟业有限公司
	账号或地址	15376201040000182			账 号	15376210040000127
	开户银行	中国农业银行烟台莱山区支行			开户银行	中国农业银行烟台芝罘区支行
托收金额	人民币（大写）	玖万元整			亿千百十万千百十元角分	¥9000000
款项内容	货款	托收凭据名称	商业承兑汇票	附寄单证张数		TIPS
商品发送情况			合同名称号码			
备注： 收款人开户银行收到日期： 年 月 日		收款人开户银行签章 年 月 日				

中国农业银行 烟台莱山区支行 业务受理章 07

凭证 22-2

中国农业银行 网上银行电子回单

AGRICULTURAL BANK OF CHINA

电子回单号码：3760056945329797230９					
付款方	账 号	15376201040000182	收款方	账 号	15376210040000127
	户 名	烟台兴茂机械制造有限公司		户 名	烟台伟业有限公司
	开户行	中国农业银行烟台莱山区支行		开户行	中国农业银行芝罘区支行
金额（小写）		¥90 000.00	金额（大写）		玖万元整
币种		人民币	交易渠道		BTER
摘要		转账取款	凭证号		15376201040000182
交易时间		2019-12-13 10:24:20	会计日期		20191213
附言		支付到期商业承兑汇票			

打印日期：2019-12-13

凭证 23-1

山东省社会保险基金专用票据

流水号：10518031310011535888　　2019年12月13日　　No. 606013411747

缴款人：烟台兴茂机械制造有限公司　　经济类别：私营

收费项目	起始年月	终止年月	人数	单位缴纳额(元)	个人缴纳额(元)	滞纳金(元)	利息(元)	合计(元)
基本养老保险费	201912	201912	24	13 728.96	6 101.76	0.00	0.00	19 830.72
失业保险费	201912	201912	24	534.00	228.72	0.00	0.00	762.72
基本医疗保险费	201912	201912	24	5 339.04	1 525.44	0.00	0.00	6 864.48
工伤保险费	201912	201912	24	823.68	0.00	0.00	0.00	823.68
生育保险费	201912	201912	24	762.72	0.00	0.00	0.00	762.72
金额合计(大写)贰万玖仟零肆拾肆元叁角贰分					(小写)¥29 044.32			

第三联：收据

收款单位(盖章)：　　财务复核人：　　业务复核人：　　经办人：曲汉波

凭证 23-2

中国农业银行 AGRICULTURAL BANK OF CHINA　　网上银行电子回单

电子回单号码：37600569453297979856					
付款方	账 号	15376201040000182	收款方	账 号	15400001012017020
	户 名	烟台兴茂机械制造有限公司		户 名	财税库税款
	开户行	中国农业银行烟台莱山区支行		开户行	社保
金额（小写）		¥29 044.32	金额（大写）		贰万玖仟零肆拾肆元叁角贰分
币种		人民币	交易渠道		CTMP
摘要		转账取款	凭证号		15376201040000182
交易时间		2019-12-13 14:25:20	会计日期		20191213
附言		财税库F 社会保险费用			

打印日期：2019-12-13

凭证 24-1

山东省行政事业性收费收据

2019年12月13日　　No. 20195242

交费单位	烟台兴茂机械制造有限公司	收费许可证号	(鲁)财发201912							
收费项目	收费标准	金额								
		百	十	万	千	百	十	元	角	分
住房公积金				1	5	3	2	8	0	0
合　计			¥	1	5	3	2	8	0	0
人民币(大写)壹万伍仟叁佰贰拾捌元整	财务专用章	转账								

第二联　发票联

负责人：　　开票人：　　收费单位(签章)

凭证 24-2

中国农业银行 AGRICULTURAL BANK OF CHINA　　**网上银行电子回单**

电子回单号码：37600569453297971120					
付款方	账　号	15376201040000182	收款方	账　号	15376210040000730
	户　名	烟台兴茂机械制造有限公司		户　名	财税库税款
	开户行	中国农业银行烟台莱山区支行		开户行	公积金
金额（小写）		¥15 328.00	金额（大写）		壹万伍仟叁佰贰拾捌元整
币种		人民币	交易渠道		CTMP
摘要		转账取款	凭证号		15376201040000182
交易时间		2019-12-13 14:29:20	会计日期		20191213
附言		财税库F 住房公积金费用 （印章：中国农业银行股份有限公司 回单专用章）			

打印日期：2019-12-13

凭证 25-1

收　　据　　No. 6032445

2019年12月13日

今　收　到

烟台兴茂机械制造有限公司 交来 **12月份工会经费** 款

人民币（大写）**壹仟玖佰壹拾陆元整**

（小写）¥1 916.00　　现金收讫

收款单位（签章）：（印章：烟台兴茂机械制造有限公司工会委员会 财务专用章）

出纳：王小刚　　核准：张 丽　　会计：李丰富　　经手人：

第三联：记账联

凭证 25-2

中国农业银行
转账支票存根
10201110
49860632

烟台证券印制有限公司·2019年印制

附加信息

出票日期	2019 年 12 月 13 日
收款人：	烟台兴茂机械有限公司工会委员会
金额：	￥1 916.00
用途：	缴纳工会经费

单位主管 张 丽　会计 李丰富

凭证 25-3

中国农业银行 AGRICULTURAL BANK OF CHINA　网上银行电子回单

电子回单号码：37600569453297972966					
付款方	账 号	15376201040000182	收款方	账 号	15376201040000457
	户 名	烟台兴茂机械制造有限公司		户 名	烟台兴茂机械制造有限公司工会委员会
	开户行	中国农业银行烟台莱山区支行		开户行	中国农业银行烟台莱山区支行
金额（小写）		￥1 916.00	金额（大写）		壹仟玖佰壹拾陆元整
币种		人民币	交易渠道		BTER
摘要		转账取款	凭证号		15376201040000182
交易时间		2019-12-13 09:32:51	会计日期		20191213
附言		中国农业银行股份有限公司 回单专用章			

打印日期：2019-12-13

凭证 26-1

3700192130 **山东增值税专用发票** No 07660312 3700192130 07660312

抵扣联

开票日期：2019年12月14日

购买方	名称：烟台兴茂机械制造有限公司 纳税人识别号：913706129662088957 地址、电话：烟台市莱山区港城街100号0535-6900119 开户行及账号：农行烟台莱山区支行15376201040000182			密码区	1<6<6>**580331/373>63523*/6 ++8+505>4-<+>/0<38+756213-+ 09>>+-*93+>6401/3/42234458/ -*2+88++5/320+6+*<2<>0<1+/5		
货物或应税劳务、服务名称	规格型号	单位	数量	单价	金额	税率	税额
*铝合金		吨	5	13500.00	67500.00	13%	8775.00
合计					¥67500.00		¥8775.00
价税合计（大写）	⊗柒万陆仟贰佰柒拾伍圆整				（小写）¥76275.00		
销货方	名称：中通工业集团 纳税人识别号：913706125457K45670 地址、电话：烟台市莱山区迎春大街91号 0535-6745941 开户行及账号：农行莱山区支行15376201061000097			备注	中通工业集团 913706125457K45670 发票专用章		

收款人：黄翔　复核：黄翔　开票人：于深勇　销货方（章）

第二联：抵扣联 购买方抵扣凭证

凭证 26-2

3700192130 **山东增值税专用发票** No 07660312 3700192130 07660312

发票联

开票日期：2019年12月14日

购买方	名称：烟台兴茂机械制造有限公司 纳税人识别号：913706129662088957 地址、电话：烟台市莱山区港城街100号0535-6900119 开户行及账号：农行烟台莱山区支行15376201040000182			密码区	1<6<6>**580331/373>63523*/6 ++8+505>4-<+>/0<38+756213-+ 09>>+-*93+>6401/3/42234458/ -*2+88++5/320+6+*<2<>0<1+/5		
货物或应税劳务、服务名称	规格型号	单位	数量	单价	金额	税率	税额
*铝合金		吨	5	13500.00	67500.00	13%	8775.00
合计					¥67500.00		¥8775.00
价税合计（大写）	⊗柒万陆仟贰佰柒拾伍圆整				（小写）¥76275.00		
销货方	名称：中通工业集团 纳税人识别号：913706125457K45670 地址、电话：烟台市莱山区迎春大街91号 0535-6745941 开户行及账号：农行莱山区支行15376201061000097			备注	中通工业集团 913706125457K45670 发票专用章		

收款人：黄翔　复核：黄翔　开票人：于深勇　销货方（章）

第三联：发票联 购买方记账凭证

凭证 26-3

收 料 单

No. 209740

供货单位：中通工业集团

发票号码：07660312

2019年12月14日

材料类别	名称及规格	计量单位	数量		实际成本（元）		计划成本（元）		差异（元）
			应收	实收	单价	金额	单价	金额	
铝合金		吨	5	5	13 500.00	67 500.00	13 300.00	66 500.00	1 000.00
合　计		吨	5	5	13 500.00	67 500.00	13 300.00	66 500.00	1 000.00

记账联

质量检验：刘伟　　收料：赵小英

凭证 26-4

中国农业银行 AGRICULTURAL BANK OF CHINA　　网上银行电子回单

电子回单号码：37600569453297971120					
付款方	账号	15376201040000182	收款方	账号	15376201061000097
	户名	烟台兴茂机械制造有限公司		户名	中通工业集团
	开户行	中国农业银行烟台莱山区支行		开户行	中国农业银行烟台莱山区支行
金额（小写）		¥76 275.00	金额（大写）		柒万陆仟贰佰柒拾伍元整
币种		人民币	交易渠道		EBNR
摘要		购买材料货款	凭证号		15376201040000182
交易时间		2019-12-14 12:29:30	会计日期		20191214
附言		中国农业银行股份有限公司 回单专用章			

打印日期：2019-12-14

凭证 27-1

3100191140 上海增值税专用发票 No 07660907 3100191140 07660907

抵扣联

开票日期：2019年12月14日

购买方	名称：烟台兴茂机械制造有限公司 纳税人识别号：913706129662088957 地址、电话：烟台市莱山区港城街100号0535-6900119 开户行及账号：农行烟台莱山区支行15376201040000182			密码区	1<6<6>**580331/373>63523458 ++8+505>4-<+>/0<38+75628-+6 09>>+-*93+>6401/3/4223-+/>2 -*2+88++5/320+6+*<2<>45+-0/		
货物或应税劳务、服务名称	规格型号	单位	数量	单价	金额	税率	税额
*A4打印纸		包	30	30.9733333	929.20	13%	120.80
合计					¥929.20		¥120.80
价税合计（大写）	⊗壹仟零伍拾圆整				（小写）¥1050.00		
销货方	名称：上海晨光文具股份有限公司 纳税人识别号：91310000677833266F 地址、电话：上海市奉贤区金钱公路349号 021-57474489 开户行及账号：工行上海市奉贤区支行310066290106100078			备注	上海晨光文具股份有限公司 91310000677833266F 发票专用章		

收款人：张明磊　复核：张明磊　开票人：邵文瀚　销售方

第二联：抵扣联 购买方抵扣凭证

凭证 27-2

3100191140 上海增值税专用发票 No 07660907 3100191140 07660907

发票联

开票日期：2019年12月14日

购买方	名称：烟台兴茂机械制造有限公司 纳税人识别号：913706129662088957 地址、电话：烟台市莱山区港城街100号0535-6900119 开户行及账号：农行烟台莱山区支行15376201040000182			密码区	1<6<6>**580331/373>63523458 ++8+505>4-<+>/0<38+75628-+6 09>>+-*93+>6401/3/4223-+/>2 -*2+88++5/320+6+*<2<>45+-0/		
货物或应税劳务、服务名称	规格型号	单位	数量	单价	金额	税率	税额
*A4打印纸		包	30	30.9733333	929.20	13%	120.80
合计					¥929.20		¥120.80
价税合计（大写）	⊗壹仟零伍拾圆整				（小写）¥1050.00		
销货方	名称：上海晨光文具股份有限公司 纳税人识别号：91310000677833266F 地址、电话：上海市奉贤区金钱公路349号 021-57474489 开户行及账号：工行上海市奉贤区支行310066290106100078			备注	上海晨光文具股份有限公司 91310000677833266F 发票专用章		

收款人：张明磊　复核：张明磊　开票人：邵文瀚　销售方

第三联：发票联 购买方记账凭证

凭证 27-3

烟台兴茂机械制造有限公司内部领用单

领用部门	物品名称	单位	数量	单价	金额（元）	领用日期	领用人签字
生产车间	A4打印纸	包	15	30.973333	464.60	2019-12-14	张刚
行政管理部门	A4打印纸	包	5	30.973333	154.87	2019-12-14	刘美娟
财务部	A4打印纸	包	10	30.973333	309.73	2019-12-14	王小刚

发料人：赵小英　　　　仓库主管：刘伟　　　　制单：

凭证 27-4

中国农业银行 AGRICULTURAL BANK OF CHINA　　网上银行电子回单

电子回单号码：37600569453297971120					
付款方	账　号	15376201040000182	收款方	账　号	310066290106100078
	户　名	烟台兴茂机械制造有限公司		户　名	上海晨光文具股份有限公司
	开户行	中国农业银行烟台莱山区支行		开户行	中国工商银行上海市奉贤区支行
金额（小写）		¥1 050.00	金额（大写）		壹仟零伍拾元整
币种		人民币	交易渠道		EBNR
摘要		办公用品费用	凭证号		15376201040000182
交易时间		2019-12-14 15:29:35	会计日期		20191214
附言		中国农业银行股份有限公司 回单专用章			

打印日期：2019-12-14

凭证28

委托加工材料出库单

No.0037451

加工单位：烟台勤通机床有限公司

加工合同号：077246

2019年12月14日

材料类别	名称及规格	计量单位	数量	实际成本（元）		计划成本（元）		差异（元）
				单价	金额	单价	金额	
钢板		吨	10	3 485.00	34 850.00	3 500.00	35 000.00	-150.00
合 计		吨	10	3 485.00	34 850.00	3 500.00	35 000.00	-150.00

记账联

仓库主管：刘伟　　发料人：赵小英　　领料部门主管：王　红　　领料人：朱志刚

凭证29

山东增值税电子普通发票

全国统一发票监制章 国家税务总局 山东省税务局

机器编号：661701268278

发票代码：037001900111
发票号码：65802219
开票日期：2019年12月14日
校验码：58863 83939 22408 08888

购买方	
名　　称：	烟台兴茂机械制造有限公司
纳税人识别号：	913706129662088957
地 址、电 话：	烟台市莱山区港城街100号0535-6900119
开户行及账号：	农行烟台莱山区支行15376201040000182

密码区：
1<6<6>**58033163523458/373>
5>4-<+>/0<38+75628-+6++8+50
09>>+-*93+>23-+/>26401/3/42
5/320+6+*<2<>45+-0/-*2+88++

货物或应税劳务、服务名称	规格型号	单位	数　量	单　价	金　额	税　率	税　额
*餐饮服务*餐饮					475.73	3%	14.27
合　　计					¥475.73		¥14.27

价税合计（大写）：⊗肆佰玖拾圆整　　（小写）¥490.00

销货方	
名　　称：	莱山区必胜客餐馆
纳税人识别号：	9230612MA2356207J0
地 址、电 话：	莱山区迎春大街宝龙广场 0535-5567235
开户行及账号：	农业银行莱山区支行15376202030000231

备注：

莱山区必胜客餐馆 9230612MA2356207J0 发票专用章

收款人：韩明月　　复核：韩明月　　开票人：张亚楠　　销售方：（章）

凭证 30-1

3700192130 **山东增值税专用发票** No 07660339 3700192130 07660339

抵扣联

开票日期：2019年12月15日

购买方	名　　称：烟台兴茂机械制造有限公司 纳税人识别号：913706129662088957 地 址、电 话：烟台市莱山区港城街100号0535-6900119 开户行及账号：农行烟台莱山区支行15376201040000182	密码区	1<6<6>**580331/373>635223-> ++8+505>4-<+>8-+6/0<38+7562 09>>+-*93+>623-+/>2401/3/42 -*2+2<>45+-0/88++5/320+6+*<

货物或应税劳务、服务名称	规格型号	单位	数量	单价	金额	税率	税额
*广告费		平米	15.2	248.2625000	3773.59	6%	226.41
合　计					¥3773.59		¥226.41
价税合计（大写）	⊗肆仟圆整				（小写）¥4000.00		

销货方	名　　称：烟台海源广告策划有限公司 纳税人识别号：9137060031260A5615 地 址、电 话：烟台市开发区长江路10号 0535-7698430 开户行及账号：工商银行开发区支行15370612536759486	备注	烟台海源广告策划有限公司 9137060031260A5615 发票专用章

收款人：周艳艳　复核：周艳艳　开票人：孙悦凯　销售方（章）

第二联：抵扣联 购买方抵扣凭证

凭证 30-2

3700192130 **山东增值税专用发票** No 07660339 3700192130 07660339

发票联

开票日期：2019年12月15日

购买方	名　　称：烟台兴茂机械制造有限公司 纳税人识别号：913706129662088957 地 址、电 话：烟台市莱山区港城街100号0535-6900119 开户行及账号：农行烟台莱山区支行15376201040000182	密码区	1<6<6>**580331/373>635223-> ++8+505>4-<+>8-+6/0<38+7562 09>>+-*93+>623-+/>2401/3/42 -*2+2<>45+-0/88++5/320+6+*<

货物或应税劳务、服务名称	规格型号	单位	数量	单价	金额	税率	税额
*广告费		平米	15.2	248.2625000	3773.59	6%	226.41
合　计					¥3773.59		¥226.41
价税合计（大写）	⊗肆仟圆整				（小写）¥4000.00		

销货方	名　　称：烟台海源广告策划有限公司 纳税人识别号：9137060031260A5615 地 址、电 话：烟台市开发区长江路10号 0535-7698430 开户行及账号：工商银行开发区支行15370612536759486	备注	烟台海源广告策划有限公司 9137060031260A5615 发票专用章

收款人：周艳艳　复核：周艳艳　开票人：孙悦凯　销售方（章）

第三联：发票联 购买方发票凭证

凭证 30-3

中国农业银行
转账支票存根
10201110
49860633

烟台证券印制有限公司·2019年印制

附加信息

出票日期	2019年12月15日
收款人：	烟台海源广告策划有限公司
金额：	¥4 000.00
用途：	支付广告费

单位主管 张 丽 **会计** 李丰富

凭证 30-4

中国农业银行 AGRICULTURAL BANK OF CHINA **网上银行电子回单**

电子回单号码：37600569453297973571					
付款方	账 号	15376201040000182	收款方	账 号	15370612536759486
	户 名	烟台兴茂机械制造有限公司		户 名	烟台海源广告策划有限公司
	开户行	中国农业银行烟台莱山区支行		开户行	工商银行开发区支行
金额（小写）		¥4 000.00	金额（大写）		肆仟元整
币种		人民币	交易渠道		BTER
摘要		转账取款	凭证号		15376201040000182
交易时间		2019-12-15 15:18:26	会计日期		20191215
附言		中国农业银行股份有限公司 回单专用章			

打印日期：2019-12-15

凭证 31-1

中国农业银行 进账单（回 单）

2019 年 12 月 15 日

出票人	全称	烟台神通电气有限公司	收款人	全称	烟台兴茂机械制造有限公司
	账号	153706431940000340		账号	15376201040000182
	开户银行	中国农业银行烟台莱山区支行		开户银行	中国农业银行烟台莱山区支行
金额	人民币（大写）	叁万元整 已受理	亿千百十万千百十元角分		¥3000000
票据种类	支票	票据张数	1		
票据号码	06222154				

此联是开户银行交给持票人的回单

凭证 31-2

3700193130　山东增值税专用发票　No 03349235　3700193130 03349235

此联不作报销、扣税凭证使用

开票日期：2019年12月15日

购买方	名　　称：烟台神通电气有限公司 纳税人识别号：9137010426239MY297 地 址、电 话：烟台市莱山区钢城街100号0535-6900291 开户行及账号：农业银行烟台莱山区支行153706431940000340	密码区	1<6<6>*12578<>*9974><*58033 ++53<20/>>15>4-<38+70/4+>/0 09>>+-*93+>>*99/3/45419/3/4 -*2+88++5/320--+150+6+*<2<>

货物或应税劳务、服务名称	规格型号	单位	数　量	单　价	金　额	税率	税　额
*厂房租金		平米	500	55.0458800	27522.94	9%	2477.06
合　　计					¥27522.94		¥2477.06
价税合计（大写）	⊗叁万圆整				（小写）¥30000.00		

销货方	名　　称：烟台兴茂机械制造有限公司 纳税人识别号：913706129662088957 地 址、电 话：烟台市莱山区港城街100号0535-6900119 开户行及账号：农行烟台莱山区支行15376201040000182	备注	烟台兴茂机械制造有限公司 913706129662088957 发票专用章

收款人：王小刚　复核：王小刚　开票人：李丰富　销售方：（章）

第一联：记账联　销售方记账凭证

凭证 32-1

3700193130　山东增值税专用发票　No 03349236　3700193130 03349236

此联不作报销、扣税凭证使用

开票日期：2019年12月15日

购买方	名　称：济南信达汽车配件有限公司 纳税人识别号：9137010346JK256P03 地址、电话：济南市中区北园路612号0531-56890231 开户行及账号：农业银行济南市中区支行153706431940000239			密码区	1<6<6>*12578<>*9974><*58033 ++53<20/>>15>4-<38+70/4+>/0 09>>+-*93+>>*99/3/45419/3/4 -*2+88++5/320--+150+6+*<2<>		
货物或应税劳务、服务名称	规格型号	单位	数量	单价	金额	税率	税额
*铝合金油箱		件	185	486.7256757	90044.25	13%	11705.75
合　计					¥90044.25		¥11705.75
价税合计（大写）	⊗拾万壹仟柒佰伍拾圆整				（小写）¥101750.00		
销货方	名　称：烟台兴茂机械制造有限公司 纳税人识别号：913706129662088957 地址、电话：烟台市莱山区港城街100号0535-6900119 开户行及账号：农行烟台莱山区支行15376201040000182			备注	烟台兴茂机械制造有限公司 913706129662088957 发票专用章		

收款人：王小刚　复核：王小刚　开票人：李丰富

第一联：记账联　销售方记账凭证

凭证 32-2

中国农业银行 进账单（回单）

2019 年 12 月 15 日

出票人	全称	济南信达汽车配件有限公司	收款人	全称	烟台兴茂机械制造有限公司
	账号	153706431940000239		账号	15376201040000182
	开户银行	中国农业银行济南市中区支行		开户银行	中国农业银行烟台莱山区支行
金额	人民币（大写）	捌万壹仟柒佰伍拾元整　已受理		亿千百十万千百十元角分	¥ 8 1 7 5 0 0 0
票据种类		支票	票据张数	1	
票据号码		06222185			

此联是开户银行交给持票人的回单

凭证 33-1

3100191140 上海增值税专用发票 No 07660651 3100191140 07660651

抵扣联

开票日期：2019年12月16日

购买方	名称：烟台兴茂机械制造有限公司 纳税人识别号：913706129662088957 地址、电话：烟台市莱山区港城街100号0535-6900119 开户行及账号：农行烟台莱山区支行15376201040000182			密码区	1<6<6>**580331/373>>4-<+>8- ++8+505>4-<+>8-+6/06>**5803 09>>+-+/>2401/3/42*93+>623- -*2+2<>45++6+*<-0/88++5/320		
货物或应税劳务、服务名称	规格型号	单位	数量	单价	金额	税率	税额
*机床		台	1	176991.15	176991.15	13%	23008.85
合计					¥176991.15		¥23008.85
价税合计（大写）	⊗贰拾万圆整				（小写）¥200000.00		
销货方	名称：上海机床有限公司 纳税人识别号：91310451KM809L1013 地址、电话：上海市金山区中山路101号 021-45678531 开户行及账号：农行上海金山区支行31280345100003590			备注			

收款人：窦伟　复核：窦伟　开票人：张全胜　销售方：（章）

第二联：抵扣联 购买方抵扣凭证

凭证 33-2

3100191140 上海增值税专用发票 No 07660651 3100191140 07660651

发票联

开票日期：2019年12月16日

购买方	名称：烟台兴茂机械制造有限公司 纳税人识别号：913706129662088957 地址、电话：烟台市莱山区港城街100号0535-6900119 开户行及账号：农行烟台莱山区支行15376201040000182			密码区	1<6<6>**580331/373>>4-<+>8- ++8+505>4-<+>8-+6/06>**5803 09>>+-+/>2401/3/42*93+>623- -*2+2<>45++6+*<-0/88++5/320		
货物或应税劳务、服务名称	规格型号	单位	数量	单价	金额	税率	税额
*机床		台	1	176991.15	176991.15	13%	23008.85
合计					¥176991.15		¥23008.85
价税合计（大写）	⊗贰拾万圆整				（小写）¥200000.00		
销货方	名称：上海机床有限公司 纳税人识别号：91310451KM809L1013 地址、电话：上海市金山区中山路101号 021-45678531 开户行及账号：农行上海金山区支行31280345100003590			备注			

收款人：窦伟　窦伟　开票人：张全胜　销售方：（章）

第三联：发票联 购买方发票凭证

凭证 33-3

中国农业银行 AGRICULTURAL BANK OF CHINA

网上银行电子回单

电子回单号码：37650400934327427307

付款方	账 号	15376201040000182	收款方	账 号	31280345100003590
	户 名	烟台兴茂机械制造有限公司		户 名	上海机床有限公司
	开户行	中国农业银行烟台莱山区支行		开户行	中国农业银行上海金山区支行
金额（小写）		¥200 000.00	金额（大写）		贰拾万元整
币种		人民币	交易渠道		EBNK
摘要		购买机床货款	凭证号		15376201040000182
交易时间		2019-12-16 11:32:15	会计日期		20191216
附言					

中国农业银行股份有限公司 回单专用章

打印日期：2019-12-16

凭证 34

坏账审批单

单位：烟台兴茂机械制造有限公司　　所属期间：2019年12月

项目	公司名称	对方科目	交易日期	坏账原因	坏账日期	金额
坏账准备	青岛山海机械有限公司	应收账款	2015-2-23	公司破产	2019-12-16	¥5 366.00
合计		—		—	—	¥5 366.00

会计：李丰富　销售部经理：刘景军　财务主管：张　丽　总经理：孔祥瑞

凭证 35-1

公益事业捐赠统一票据

UNIFIED INVOICE OF DONATION FOR PUBLIC WELFARE

捐赠人：烟台兴茂机械制造有限公司　　2019年12月16日
DONOR　　Y　M　D　　No. 1200003087

捐赠项目 For purpose	实物（外币）种类 Material objects(Currency)	数量 Amount	金额 Total amount 千	百	十	万	千	百	十	元	角	分
捐赠						1	0	0	0	0	0	0
金额合计(小写) In Figures					¥	1	0	0	0	0	0	0
金额合计(大写) In words	壹万 零仟 零佰 零拾 零元 零角 零分											

第二联 收据

接收单位(盖章)：　　复核人：　　开票人：
Receiver's Seal　　Verified by　　Handling person

感谢您对公益事业的支持！Thank you for support of public welfare!

凭证 35-2

中国农业银行
转账支票存根
10201110
49860634

烟台证券印制有限公司·2019年印制

附加信息

出票日期 2019年12月16日

收款人：烟台市儿童福利院

金额： ¥10 000.00

用途： 捐赠

单位主管 张 丽　会计 李丰富

凭证 35-3

中国农业银行
AGRICULTURAL BANK OF CHINA

网上银行电子回单

电子回单号码：37600569453297975223					
付款方	账 号	15376201040000182	收款方	账 号	15376202150003468
	户 名	烟台兴茂机械制造有限公司		户 名	烟台市儿童福利院
	开户行	中国农业银行烟台莱山区支行		开户行	中国农业银行烟台芝罘区支行
金额（小写）		￥10 000.00	金额（大写）		壹万元整
币种		人民币	交易渠道		BTER
摘要		转账取款	凭证号		15376201040000182
交易时间		2019-12-16 10:45:37	会计日期		20191216
附言		中国农业银行股份有限公司 回单专用章			

打印日期：2019-12-16

凭证 36-1

股票成交过户交割凭单

发生日期	2019-12-17	发生时间	10:20:01
名 称	浪潮软件	代 码	600756
币 种	人民币	买卖类别	证券卖出
发生金额	335 576.50	成交金额	336 000.00
成交数量	15000	成交价格	22.40
印 花 税	336.00	过 户 费	6.62
佣 金	57.80	交易规费	23.08
流 水 号	1430033284	股东账号	A287919380
股份余额	30000	资金余额	0.00

齐鲁证券有限公司烟台营业部 财务专用章

凭证 36-2

出售交易性金融资产成本与公允价值变动结转计算表

2019年12月17日

股票名称	股票期初数量	股票成交数量	股票成本	公允价值变动	出售股票成本金额	出售股票公允价值变动金额
浪潮软件	45000	15000	900 000.00	94 500.00	300 000.00	31 500.00

会计：李丰富　　财务主管：张 丽

凭证 37-1

烟台兴茂机械制造有限公司工资结算汇总表

2019年11月　　单位：元　　人数：24人

部门	基本工资	岗位工资	工龄工资	应付工资	代扣款项						实发金额
					基本养老保险费	失业保险费	基本医疗保险费	住房公积金	合计	个人所得税	
生产车间	31 000.00	18 933.20	4 980.00	54 913.20	3 661.05	137.23	915.26	4 393.05	9 106.59	0.00	45 806.61
生产管理部门	4 500.00	2 952.20	1 700.00	9 152.20	610.18	22.87	152.55	732.18	1 517.78	0.00	7 634.42
行政部门	4 000.00	3 032.20	2 120.00	9 152.20	610.18	22.87	152.55	732.18	1 517.78	0.00	7 634.42
销售部门	10 200.00	6 904.40	1 200.00	18 304.40	1 220.35	45.75	305.08	1 464.35	3 035.53	0.00	15 268.87
合计	49 700.00	31 822.00	10 000.00	91 522.00	6 101.76	228.72	1 525.44	7 321.76	15 177.68	0.00	76 344.32

会计：李丰富　　复核：王小刚　　财务主管：张 丽　　总经理：孔祥瑞

凭证 37-2

中国农业银行 AGRICULTURAL BANK OF CHINA　　**网上银行电子回单**

电子回单号码：37650400934327427307					
付款方	账　号	15376201040000182	收款方	账　号	6228460260003382070
	户　名	烟台兴茂机械制造有限公司		户　名	王小刚
	开户行	中国农业银行烟台莱山区支行		开户行	中国农业银行莱山区支行
金额（小写）		¥4 350.25	金额（大写）		肆仟叁佰伍拾元贰角伍分
币种		人民币	交易渠道		EBNK
摘要		支付工资	凭证号		15376201040000182
交易时间		2019-12-17 10:45:15	会计日期		20191216
附言		中国农业银行股份有限公司 回单专用章			

打印日期：2019-12-17

凭证 38-1

3700192130　　**山东增值税专用发票**　　No 07660441　3700192130 07660441

（印章：全国统一发票监制章 山东 国家税务总局监制　抵扣联）

开票日期：2019年12月18日

购买方	名称：烟台兴茂机械制造有限公司 纳税人识别号：913706129662088957 地址、电话：烟台市莱山区港城街100号0535-6900119 开户行及账号：农行烟台莱山区支行15376201040000182				密码区	1<6<6>**5803635223->-*93+>6 ++8+505>4-<+>8-+6/373>63521 09>>+-*93+>623-+31/373>/42/ -*2+2<>45+6+*<-0/88++5/320+		
货物或应税劳务、服务名称	规格型号	单位	数量	单价	金额	税率	税额	
*维修费		工时	16	185.2875000	2964.60	13%	385.40	
合　计					¥2964.60		¥385.40	
价税合计（大写）	⊗叁仟叁佰伍拾圆整				（小写）¥3350.00			
销货方	名称：烟台兴业机电设备有限公司 纳税人识别号：91370600312MA2367 地址、电话：烟台市莱山区滨海路89号 0535-6125793 开户行及账号：农行莱山区滨海路支行15370616670055339				备注	（印章：烟台兴业机电设备有限公司 91370600312MA2367 发票专用章）		

第二联：抵扣联　购买方抵扣凭证

收款人：王小刚　　复核：王小刚　　开票人：李丰富　　销售方：（章）

凭证 38-2

山东增值税专用发票

3700192130

No 07660441　3700192130　07660441

发票联

开票日期：2019年12月18日

购买方	名称：烟台兴茂机械制造有限公司 纳税人识别号：913706129662088957 地址、电话：烟台市莱山区港城街100号0535-6900119 开户行及账号：农行烟台莱山区支行15376201040000182	密码区	1<6<6>**5803635223->-*93+>6 ++8+505>4-<+>8-+6/373>63521 09>>+-*93+>623-+31/373>/42/ -*2+2<>45+6+*<-0/88++5/320+

货物或应税劳务、服务名称	规格型号	单位	数量	单价	金额	税率	税额
*维修费		工时	16	185.2875000	2964.60	13%	385.40
合计					¥2964.60		¥385.40
价税合计（大写）	⊗叁仟叁佰伍拾圆整				（小写）¥3350.00		

销货方	名称：烟台兴业机电设备有限公司 纳税人识别号：91370600312MA2367 地址、电话：烟台市莱山区滨海路89号 0535-6125793 开户行及账号：农行莱山区滨海路支行15370616670055339	备注	

收款人：王小刚　复核：王小刚　开票人：李丰富　销售方：（章）

（印章：烟台兴业机电设备有限公司 91370600312MA2367 发票专用章）

第三联：发票联　购买方记账凭证

凭证 38-3

中国农业银行
转账支票存根

10201110
49860635

烟台证券印制有限公司·2019年印制

附加信息

出票日期 2019年12月18日

收款人： 烟台兴业机械设备有限公司

金额： ¥3 350.00

用途： 维修费

单位主管 张丽　**会计** 李丰富

凭证 38-4

中国农业银行 AGRICULTURAL BANK OF CHINA　　网上银行电子回单

电子回单号码：37600569453297975746					
付款方	账　号	15376201040000182	收款方	账　号	15370616670055339
	户　名	烟台兴茂机械制造有限公司		户　名	烟台兴业机电设备有限公司
	开户行	中国农业银行烟台莱山区支行		开户行	中国农业银行莱山区滨海路支行
金额（小写）		¥3 350.00	金额（大写）		叁仟叁佰伍拾元整
币种		人民币	交易渠道		BTER
摘要		转账取款	凭证号		15376201040000182
交易时间		2019-12-18 16:12:06	会计日期		20191218
附言		中国农业银行股份有限公司 回单专用章			

打印日期：2019-12-18

凭证 39-1

3700192130　　山东增值税专用发票　　No 07660562　3700192130 07660562

抵扣联

开票日期：2019年12月18日

购买方	名　　称：烟台兴茂机械制造有限公司 纳税人识别号：913706129662088957 地 址、电 话：烟台市莱山区港城街100号0535-6900119 开户行及账号：农行烟台莱山区支行15376201040000182			密码区	3635223->-*93+>61<6<6>**580 ++8+508-+6/373>635215>4-<+> 09>>+-*+31/373>/42/93+>623- -*2+2<++5/320+>45+6+*<-0/88		
货物或应税劳务、服务名称	规格型号	单位	数　量	单　价	金　额	税 率	税　额
*工业用水		吨	442	4.1004299	1812.39	13%	235.61
合　　计					¥1812.39		¥235.61
价税合计（大写）	⊗贰仟零肆拾捌圆整				（小写）¥2048.00		
销货方	名　　称：烟台市自来水公司 纳税人识别号：91370601282MU292Y0 地 址、电 话：烟台市莱山区盛泉路19号 0535-6890238 开户行及账号：农行莱山区盛泉路支行15370616600059481			备注	烟台市自来水公司 91370601282MU292Y0 发票专用章		

第二联：抵扣联　购买方抵扣凭证

收款人：袁冰玉　　复核：袁冰玉　　开票人：褚洪超　　销售方：（章）

凭证 39-2

3700192130 山东增值税专用发票 No 07660562 3700192130 07660562

发票联

开票日期：2019年12月18日

购买方	名　　称：烟台兴茂机械制造有限公司 纳税人识别号：913706129662088957 地址、电话：烟台市莱山区港城街100号0535-6900119 开户行及账号：农行烟台莱山区支行15376201040000182	密码区	3635223->-*93+>61<6<6>**580 ++8+508-+6/373>635215>4-<+> 09>>+-*+31/373>/42/93+>623- -*2+2<++5/320+>45+6+*<-0/88

货物或应税劳务、服务名称	规格型号	单位	数量	单价	金额	税率	税额
*工业用水		吨	442	4.1004299	1812.39	13%	235.61
合　计					¥1812.39		¥235.61
价税合计（大写）	⊗贰仟零肆拾捌圆整				（小写）¥2048.00		

销货方	名　　称：烟台市自来水公司 纳税人识别号：91370601282MU292Y0 地址、电话：烟台市莱山区盛泉路19号 0535-6890238 开户行及账号：农行莱山区盛泉路支行15370616600059481	备注	烟台市自来水公司 91370601282MU292Y0 发票专用章

收款人：袁冰玉　复核：袁冰玉　开票人：褚洪超　销售方：（章）

第三联：发票联 购买方记账凭证

凭证 39-3

中国农业银行 AGRICULTURAL BANK OF CHINA　**网上银行电子回单**

电子回单号码：37650400934327427307					
付款方	账号	15376201040000182	收款方	账号	15370616600059481
	户名	烟台兴茂机械制造有限公司		户名	烟台市自来水公司
	开户行	中国农业银行烟台莱山区支行		开户行	中国农业银行莱山区盛泉路支行
金额（小写）		¥2 048.00	金额（大写）		贰仟零肆拾捌元整
币种		人民币	交易渠道		EBNK
摘要		工业用水费用	凭证号		15376201040000182
交易时间		2019-12-18 11:02:15	会计日期		20191218
附言		中国农业银行股份有限公司 回单专用章			

打印日期：2019-12-18

凭证 40-1

3700192130　**山东增值税专用发票**

抵扣联

No 07660680　3700192130　07660680

开票日期：2019年12月18日

购买方	名　　称：烟台兴茂机械制造有限公司 纳税人识别号：913706129662088957 地 址、电 话：烟台市莱山区港城街100号0535-6900119 开户行及账号：农行烟台莱山区支行15376201040000182	密码区	3635223->-*93+>61<6<6>**580 ++8+508-+6/373>635215>4-<+> 09>>+-*+31/373>/42/93+>623- -*2+2<++5/320+>45+6+*<-0/88

货物或应税劳务、服务名称	规格型号	单位	数量	单价	金额	税率	税额
*工业用电		千瓦时	3290	0.8101793	2665.49	13%	346.51
合　　计					¥2665.49		¥346.51
价税合计（大写）	⊗叁仟零壹拾贰圆整				（小写）¥3012.00		

销货方	名　　称：烟台市供电局 纳税人识别号：913706122821253449 地 址、电 话：烟台市莱山区庆祥路21号 0535-6700450 开户行及账号：农行莱山区庆祥路支行15370616600054879	备注	烟台市供电局 913706122821253449 发票专用章

收款人：谭英姿　复核：谭英姿　开票人：高帅　销售方：（章）

第二联：抵扣联　购买方抵扣凭证

凭证 40-2

3700192130　**山东增值税专用发票**

发票联

No 07660680　3700192130　07660680

开票日期：2019年12月18日

购买方	名　　称：烟台兴茂机械制造有限公司 纳税人识别号：913706129662088957 地 址、电 话：烟台市莱山区港城街100号0535-6900119 开户行及账号：农行烟台莱山区支行15376201040000182	密码区	3635223->-*93+>61<6<6>**580 ++8+508-+6/373>635215>4-<+> 09>>+-*+31/373>/42/93+>623- -*2+2<++5/320+>45+6+*<-0/88

货物或应税劳务、服务名称	规格型号	单位	数量	单价	金额	税率	税额
*工业用电		千瓦时	3290	0.8101793	2665.49	13%	346.51
合　　计					¥2665.49		¥346.51
价税合计（大写）	⊗叁仟零壹拾贰圆整				（小写）¥3012.00		

销货方	名　　称：烟台市供电局 纳税人识别号：913706122821253449 地 址、电 话：烟台市莱山区庆祥路21号 0535-6700450 开户行及账号：农行莱山区庆祥路支行15370616600054879	备注	烟台市供电局 913706122821253449 发票专用章

收款人：谭英姿　复核：谭英姿　开票人：高帅　销售方：（章）

第三联：发票联　购买方记账凭证

凭证 40-3

中国农业银行 AGRICULTURAL BANK OF CHINA

网上银行电子回单

电子回单号码：37650400934327427307

付款方	账　号	15376201040000182	收款方	账　号	15370616600054879
	户　名	烟台兴茂机械制造有限公司		户　名	烟台市供电局
	开户行	中国农业银行烟台莱山区支行		开户行	农行莱山区庆祥路支行
金额（小写）		￥3 012.00	金额（大写）		叁仟零壹拾贰元整
币种		人民币	交易渠道		EBNK
摘要		工业用电费用	凭证号		15376201040000182
交易时间		2019-12-18 11:09:31	会计日期		20191218
附言					

打印日期：2019-12-18

凭证 41

固定资产报废申请表

申请单位（盖章）

设备名称	数控机床	原　　值(元)	35 600.00
设备编号	0[illegible]03990005	净 残 值(元)	1 780.00
购买时间	2012.01	累计折旧(元)	27 056.00
启用时间	2012.01	已使用年限(年)	8
报废时间	2019.12		
报废原因	设备老旧，重要部件磨损严重，产品合格率降低，特申请报废。 申请单位负责人（签名）：宋小宝 2019年 12 月 15 日		
专业人员意见	同意 签名：姜书楠 2019年 12 月 16 日		
财务部门意见	同意 签章：张　丽 2019年 12 月 16 日		
总经理审批意见	同意 签章：孔祥瑞 2019年 12 月 18 日		

凭证 42

银行承兑汇票

2 B/0 B/1 20196736

出票日期（大写） 贰零壹玖 年 壹拾贰 月 壹拾玖 日

出票人全称	烟台三立有限公司	收款人	全 称	烟台兴茂机械制造有限公司
出票人账号	15376105130000219		账 号	15376201040000182
付款人全称	中国农业银行牟平区西关分理处		开户银行	中国农业银行烟台市莱山区支行
出票金额	人民币（大写）	柒拾伍万伍仟陆佰陆拾伍元柒角壹分		
汇票到期日（大写）	贰零贰零年零叁月壹拾玖日	付款行	行号	2342173
承兑协议编号	355232		地址	山东省烟台市牟平区北关大街646号

亿	千	百	十	万	千	百	十	元	角	分
		¥	7	5	5	6	6	5	7	1

本汇票请你行承兑，到期无条件汇款。（烟台三立有限公司 财务专用章）（赵辉印）出票人签章

本汇票已经承兑，到期日由本行付款。（中国农业银行烟台市莱山区支行 103456034091 汇票专用章）

备注：

复核　　记账

凭证 43

山东增值税专用发票

3700193130　No 03349237　3700193130 03349237

此联不作报销、扣税凭证使用

开票日期：2019年12月19日

购买方	名　　称：烟台三立有限公司 纳税人识别号：9137068756M23W1290 地 址、电 话：烟台市牟平区北关大街62号0535-6902323 开户行及账号：农行烟台牟平区西关分理处15370643194000239	密码区	1<6<6>*12578<>1*580339974>< ++53<20/>>15>4-<578<>*99+/2 0>23>*99/3/45419/3/4+-*93+> -+150+6+*<2<>-*2+88++5/320-

货物或应税劳务、服务名称	规格型号	单位	数 量	单 价	金 额	税 率	税 额
*抗性消音器		件	1950	327.4336308	638495.58	13%	83004.42
合　计					¥638495.58		¥83004.42
价税合计（大写）	⊗柒拾贰万壹仟伍佰圆整				（小写）¥721500.00		

销货方	名　　称：烟台兴茂机械制造有限公司 纳税人识别号：913706129662088957 地 址、电 话：烟台市莱山区港城街100号0535-6900119 开户行及账号：农行烟台莱山区支行15376201040000182	备注	（烟台兴茂机械制造有限公司 913706129662088957 发票专用章）

收款人：王小刚　　复核：王小刚　　开票人：李丰富　　销售方：（章）

第一联：记账联　销售方记账凭证

凭证 44-1

3700193130　山东增值税专用发票　No 03349238　3700193130　03349238

此联不作报销、扣税凭证使用

开票日期：2019年12月20日

购买方	名　　称：烟台市废品回收公司 纳税人识别号：913706012125KL2362 地 址、电 话：烟台市莱山区盛泉路88号 0535-6901995 开户行及账号：农行莱山区盛泉路支行3701188000594812297	密码区	3635223->-*93*580+>61<6<6>* ++8+508-+6/373>635215>4-<56 09>>+-*+31/373>/42/93+>553+ -*2+2>45+6+*<-0<++5/320+/45

货物或应税劳务、服务名称	规格型号	单位	数　量	单　价	金　额	税　率	税　额
*报废机床		台	1	3,849.560	3849.56	13%	500.44
合　　计					¥3849.56		¥500.44
价税合计（大写）	⊗肆仟叁佰伍拾圆整				（小写）¥4350.00		

销货方	名　　称：烟台兴茂机械制造有限公司 纳税人识别号：913706129662088957 地 址、电 话：烟台市莱山区港城街100号0535-6900119 开户行及账号：农行烟台莱山区支行15376201040000182	备注	烟台兴茂机械制造有限公司 913706129662088957 发票专用章

收款人：王小刚　　复核：王小刚　　开票人：李丰富　　销售方：（章）

第一联：记账联　销售方记账凭证

凭证 44-2

中国农业银行 进账单（回 单）

2019 年 12 月 20 日

出票人	全称	烟台市废品回收公司	收款人	全称	烟台兴茂机械制造有限公司
	账号	3701188000594812297		账号	15376201040000182
	开户银行	农业银行莱山区盛泉路支行		开户银行	中国农业银行烟台莱山区支行
金额	人民币（大写）	肆仟叁佰伍拾元整　已受理		亿千百十万千百十元角分	¥435000
票据种类	支票	票据张数	1		
票据号码	06222186				

此联是开户银行交给持票人的回单

凭证 45

收　　据

No. 6037501

2019年12月20日

今　收　到

烟台兴茂机械制造有限公司　交来　员工培训费　款

人民币（大写）壹仟贰佰元整

（小写）￥1 200.00　现金收讫

收款单位（签章）：烟台财经大学 财务专用章

第二联：收据联

出纳：王小刚　核准：　会计：李丰富　经手人：

凭证 46

中国农业银行 AGRICULTURAL BANK OF CHINA　网上银行电子回单

电子回单号码：37650400934327427307					
付款方	账号		收款方	账号	15376201040000182
	户名			户名	烟台兴茂机械制造有限公司
	开户行			开户行	中国农业银行烟台莱山区支行
金额（小写）		￥1 736.35	金额（大写）		壹仟柒佰叁拾陆元叁角伍分
币种		人民币	交易渠道		EBER
摘要		批量结息	凭证号		15376201040000182
交易时间		2019-12-21 13:24:15	会计日期		20191221
附言		批量结息 结息周期20190921-20191221-正常利息17[illegible] 中国农业银行股份有限公司 回单专用章			

打印日期：2019-12-21

凭证 47-1

3700192130 **山东增值税专用发票** No 07660129 3700192130 07660129

(全国统一发票监制章 山东 国家税务总局监制) 抵扣联

开票日期：2019年12月21日

购买方	名　称：烟台兴茂机械制造有限公司 纳税人识别号：913706129662088957 地 址、电 话：烟台市莱山区港城街100号0535-6900119 开户行及账号：农行烟台莱山区支行15376201040000182	密码区	3635*5802261<6<6>*3->-*93+> ++8+508-+6/373>6353635223-> 09 -*2+2<+93+>623-1/373>/3+ -*2+2<+++*<-0/885/320+>45+6

货物或应税劳务、服务名称	规格型号	单位	数量	单价	金额	税率	税额
*加工费		件	160	52.5442500	8407.08	13%	1092.92
合　计					¥8407.08		¥1092.92
价税合计（大写）	⊗玖仟伍佰圆整				（小写）¥9500.00		

销货方	名　称：烟台勤通机床有限公司 纳税人识别号：91370612KM415L9155 地 址、电 话：烟台市莱山区长安路77号 0535-6901779 开户行及账号：农行烟台莱山区支行15370616000022380	备注	（烟台勤通机床有限公司 91370612KM415L9155 发票专用章）

收款人：李迎军　复核：李迎军　开票人：韩娟

第二联：抵扣联 购买方抵扣凭证

凭证 47-2

3700192130 **山东增值税专用发票** No 07660129 3700192130 07660129

(全国统一发票监制章 山东 国家税务总局监制) 发票联

开票日期：2019年12月21日

购买方	名　称：烟台兴茂机械制造有限公司 纳税人识别号：913706129662088957 地 址、电 话：烟台市莱山区港城街100号0535-6900119 开户行及账号：农行烟台莱山区支行15376201040000182	密码区	3635*5802261<6<6>*3->-*93+> ++8+508-+6/373>6353635223-> 09 -*2+2<+93+>623-1/373>/3+ -*2+2<+++*<-0/885/320+>45+6

货物或应税劳务、服务名称	规格型号	单位	数量	单价	金额	税率	税额
*加工费		件	160	52.5442500	8407.08	13%	1092.92
合　计					¥8407.08		¥1092.92
价税合计（大写）	⊗玖仟伍佰圆整				（小写）¥9500.00		

销货方	名　称：烟台勤通机床有限公司 纳税人识别号：91370612KM415L9155 地 址、电 话：烟台市莱山区长安路77号 0535-6901779 开户行及账号：农行烟台莱山区支行15370616000022380	备注	（烟台勤通机床有限公司 91370612KM415L9155 发票专用章）

收款人：李迎军　复核：李迎军　开票人：韩娟

第三联：发票联 购买方记账凭证

凭证 47-3

中国农业银行
转账支票存根
10201110
49860636

烟台证券印制有限公司·2019年印制

附加信息

出票日期 2019年12月21日

收款人：烟台勤通机床有限公司

金额： ¥9 500.00

用途： 委托加工费

单位主管 张 丽 **会计** 李丰富

凭证 47-4

中国农业银行 AGRICULTURAL BANK OF CHINA　　网上银行电子回单

电子回单号码：37600569453297976683					
付款方	账 号	15376201040000182	收款方	账 号	15370616000022380
	户 名	烟台兴茂机械制造有限公司		户 名	烟台勤通机床有限公司
	开户行	中国农业银行烟台莱山区支行		开户行	中国农业银行莱山区支行
金额（小写）		¥9 500.00	金额（大写）		玖仟伍佰元整
币种		人民币	交易渠道		BTER
摘要		转账取款	凭证号		15376201040000182
交易时间		2019-12-21 15:52:11	会计日期		20191221
附言					

中国农业银行股份有限公司 回单专用章

打印日期：2019-12-21

凭证 47-5

产 成 品 入 库 单

No. 20195688

类　别：委托加工

入库时间：2019年12月21日

产品名称	产品规格	单位	数量	交货人	库管员确认	备注
有源消音器		件	160	朱志刚	赵小英	
合　计		件	160			

记账联

质量检验：刘伟　　仓库主管：于传强

凭证 48

盘 存 单

编号：20190523　　填表人：刘德平　　盘点日期：2019年12月22日

货物编号	货物名称	单位	账面数量	盘点数量	盘点人	复盘数量	复盘人	盘盈/亏数量	成本	盘盈/亏金额
A001	抗性消音器	件	1830	1 815	李斌	1815	王小刚	-15	245.80	-3 687.00
A002	铝合金油箱	件	1 423	1 423	李斌	1423	王小刚	0	–	–
A003	有源消音器	件	160	160	李斌	160	王小刚	0	–	–

第二联：财务联

主盘人：张丽　　盘点人：李斌　　复盘人：王小刚

凭证 49

中国农业银行 AGRICULTURAL BANK OF CHINA

电子银行承兑汇票

出票日期：2019-12-23　　　　票据状态：已签收

汇票到期日：2020-03-23　　　　票据号码：131345608820220180625213377862

出票人	账　号	15376201040000182	收款方	账　号	153761010600003384559
	全　称	烟台兴茂机械制造有限公司		全　称	烟台伟业有限公司
	开户行	中国农业银行烟台莱山区支行		开户行	中国农业银行牟平区支行
	开户行号	103456039410		开户行号	103456038628
出票人保证信息		保证人账号： 保证人名称：	保证人开户行： 保证人开户行号：		
票据金额		小写：210 000.00	人民币（大写）：贰拾壹万元整		
承兑人		承兑人账号：0 承兑人名称：中国农业银行股份有限公司烟台莱山区支行	承兑人开户行： 承兑人开户行号：103456039410		
交易合同号：		-	承兑信息	出票人承诺：本汇票请予以承兑，到期无条件付款	
是否可转让：		可再转让		承兑人承兑：本汇票已经承兑，到期无条件付款 承兑日期	
承兑人保证信息		保证人账号： 保证人名称：	保证人开户行： 保证人开户行号：		
评级信息		出票人	评级主体：同安农行	信用等级：A	评级到期日：2020-03-23
备注：					

凭证 50

存货盘亏报告表

申请单位（盖章）

货物名称	抗性消音器	盘点时间	2019/12/22
盘亏数量	15	盘点人	李斌
盘亏成本	245.80	复盘人	王晓刚
盘亏金额	3 687.00		
盘亏原因	由仓库管理员赵小英失误造成。 仓库负责人（签名）：李世林 2019年 12 月 22 日		
盘亏处理	仓库管理员赵小英赔偿20%盘亏损失737.40元，另外80%损失2949.60元记入公司管理费用。 签章：张　丽 2019年 12 月 22 日		
总经理审批意见	同意 签章：孔祥瑞 2019年 12 月 23 日		

凭证 51-1

3100191130 **上海增值税专用发票** No 07650136

抵扣联

3100191130
07650136

开票日期：2019年12月24日

购买方	名　　称：烟台兴茂机械制造有限公司 纳税人识别号：913706129662088957 地 址、电 话：烟台市莱山区港城街100号0535-6900119 开户行及账号：农行烟台莱山区支行15376201040000182	密码区	1<6<331/373>67123+/26>**580 ++8+505>5>5-+/754-<+>/0<380 09>>+-*932*01+>6401/4/4541< -*2+38++5/320+6+*<2<>0/-331	

货物或应税劳务、服务名称	规格型号	单位	数 量	单 价	金 额	税 率	税 额
*摊位费		平米	30	60.0000000	1800.00	6%	108.00
合　计					¥1800.00		¥108.00
价税合计（大写）	⊗壹仟玖佰零捌圆整				（小写）¥1908.00		

销货方	名　　称：全国汽配展览会 纳税人识别号：91310115KD257844J1 地 址、电 话：上海黄埔区南京路231号021-5245752 开户行及账号：农业银行上海黄浦区支行31280314400002559	备注	全国汽配展览会 91310115KD257844J1 发票专用章

收款人：徐雅琪　　复核：徐雅琪　　开票人：梁浩茹

第二联：抵扣联　购买方抵扣凭证

凭证 51-2

3100191130 **上海增值税专用发票** No 07650136

发票联

3100191130
07650136

开票日期：2019年12月24日

购买方	名　　称：烟台兴茂机械制造有限公司 纳税人识别号：913706129662088957 地 址、电 话：烟台市莱山区港城街100号0535-6900119 开户行及账号：农行烟台莱山区支行15376201040000182	密码区	1<6<331/373>67123+/26>**580 ++8+505>5>5-+/754-<+>/0<380 09>>+-*932*01+>6401/4/4541< -*2+38++5/320+6+*<2<>0/-331	

货物或应税劳务、服务名称	规格型号	单位	数 量	单 价	金 额	税 率	税 额
*摊位费		平米	30	60.0000000	1800.00	6%	108.00
合　计					¥1800.00		¥108.00
价税合计（大写）	⊗壹仟玖佰零捌圆整				（小写）¥1908.00		

销货方	名　　称：全国汽配展览会 纳税人识别号：91310115KD257844J1 地 址、电 话：上海黄埔区南京路231号021-5245752 开户行及账号：农业银行上海黄浦区支行31280314400002559	备注	全国汽配展览会 91310115KD257844J1 发票专用章

收款人：徐雅琪　　复核：徐雅琪　　开票人：梁浩茹

第三联：发票联　购买方记账凭证

凭证 51-3

中国农业银行 AGRICULTURAL BANK OF CHINA　　网上银行电子回单

电子回单号码：37650400934327416344					
付款方	账　号	15376201040000182	收款方	账　号	31280314400002559
	户　名	烟台兴茂机械制造有限公司		户　名	全国汽配展览会
	开户行	中国农业银行烟台莱山区支行		开户行	中国农业银行上海黄浦区支行
金额（小写）		¥1 908.00	金额（大写）		壹仟玖佰零捌元整
币种		人民币	交易渠道		EBNK
摘要		汽配展览会摊位费	凭证号		15376201040000182
交易时间		2019-12-24 09:42:53	会计日期		20191224
附言		中国农业银行股份有限公司 回单专用章			

打印日期：2019-12-24

凭证 52-1

3700193130　　山东增值税专用发票　　No 03349239　3700193130 03349239

此联不作报销、扣税凭证使用

开票日期：2019年12月24日

购买方	名　　称：泰安银光电子公司 纳税人识别号：913701064P01T932R5 地 址、电 话：泰安市新泰区莲花山路125号0538-8180466 开户行及账号：农业银行泰安新泰区支行15376105130000219					密码区	112578<>*9974><<6<6>**58033 ++53>15>4-<+>/0<38+70/4230+ 09>>54115/+-+-*93+>6401/3/4 -*2+88++5/32>0--+150+6+*<2<		
货物或应税劳务、服务名称		规格型号	单位	数　量	单　价	金　额		税 率	税　额
*工业车辆*有源消音器			件	160	336.2831875	53805.31		13%	6994.69
合　　计						¥53805.31			¥6994.69
价税合计（大写）		⊗陆万零捌佰圆整				（小写）¥60800.00			
销货方	名　　称：烟台兴茂机械制造有限公司 纳税人识别号：913706129662088957 地 址、电 话：烟台市莱山区港城街100号0535-6900119 开户行及账号：农行烟台莱山区支行15376201040000182					备注	烟台兴茂机械制造有限公司 913706129662088957 发票专用章		

收款人：王小刚　　复核：王小刚　　开票人：李丰富　　销货单位：（章）

第一联：记账联　销售方记账凭证

凭证 52-2

银行承兑汇票

2 B/0 B/2 20196751

出票日期（大写） 贰零壹玖 年 壹拾贰 月 贰拾肆 日

出票人全称	泰安银光电子公司	收款人	全　称	烟台兴茂机械制造有限公司
出票人账号	15376105130000219		账　号	15376201040000182
付款人全称	中国农业银行泰安市新泰区支行		开户银行	中国农业银行烟台市莱山区支行
出票金额	人民币（大写） 陆万零捌佰圆整			
汇票到期日（大写）	贰零贰零年零叁月贰拾肆日	付款行	行号	103463051828
承兑协议编号	355198		地址	山东省烟台市牟平区北关大街646号

亿	千	百	十	万	千	百	十	元	角	分
			¥	6	0	8	0	0	0	0

本汇票请你行承兑，到期无条件汇款。

泰安银光电子公司 财务专用章　刘雪印

出票人签章

本汇票已经承兑，到期日由本行付款。

中国农业银行烟台市莱山区支行 103456034091 汇票专用章

备注：

复核　记账

凭证 53-1

银行承兑汇票（解讫通知）

3 B/0 B/1 2019643

出票日期（大写） 贰零壹玖 年 零拾 月 贰拾伍 日

出票人全称	烟台凯马汽车制造有限公司	收款人	全　称	烟台兴茂机械制造有限公司
出票人账号	15376106140000164		账　号	15376201040000182
付款人全称	中国农业银行牟平区支行		开户银行	中国农业银行烟台市莱山区支行
出票金额	人民币（大写） 柒万伍仟元整			
汇票到期日（大写）	贰零贰零年零壹月贰拾伍日			
承兑协议编号		交易合同号码	186397	

亿	千	百	十	万	千	百	十	元	角	分
			¥	7	5	0	0	0	0	0

收款人开户银行盖章

中国农业银行烟台市莱山区支行 103456034091 汇票专用章

复核　会计

备注：

烟台凯马汽车制造有限公司 财务专用章　张凯印国

汇票签发人盖章

负责　经办

凭证 53-2

贴现凭证(收账通知)

填写日期：2019年12月25日　　　　第　　号

贴现汇票	种　类	银行承兑汇票	号　码 2019643	申请人	名　　称	烟台兴茂机械制造有限公司	
	出票日	2019年10月25日			账　　号	15376201040000182	
	到期日	2020年01月25日			开户银行	中国农业银行烟台市莱山区支行	
汇票承兑人（或银行）	名称	中国农业银行牟平区支行		账号 103456038610	开户银行	中国农业银行牟平区支行	
汇票金额	人民币（大写）	柒万伍仟元整				¥75000.00	
贴现率	10%	贴现利息	¥625.00	实付贴现金额		¥74375.00	
附送承兑汇票申请贴现，请审核。此致 贴现银行 申请人签章			备注：				

烟台兴茂机械制造有限公司 财务专用章

孔瑞祥 印

中国农业银行烟台市莱山区支行 转讫

凭证 54-1

山东增值税专用发票

3700192130　　No 07660515　3700192130 07660515

全国统一发票监制章 山东 国家税务总局监制

抵扣联

开票日期：2019年12月25日

购买方	名　　称：烟台兴茂机械制造有限公司 纳税人识别号：913706129662088957 地 址、电 话：烟台市莱山区港城街100号0535-6900119 开户行及账号：农行烟台莱山区支行15376201040000182			密码区	1<6<6>*/373>63523*/6*580331 ++8+505>4-<+>/213-+0<38+756 09>>+-*34458/93+>6401/3/422 -*2+88++*<2<>0<1+/55/320+6+		
货物或应税劳务、服务名称	规格型号	单位	数　量	单　价	金　额	税 率	税　额
*钢板		吨	34	3485.00	118490.00	13%	15403.70
合　计					¥118490.00		¥15403.70
价税合计（大写）	⊗壹拾叁万叁仟捌佰玖拾叁圆柒角整				（小写）¥133893.70		
销货方	名　　称：青岛广源钢材有限公司 纳税人识别号：9137021471355675T7 地 址、电 话：青岛市城阳区夏庄街95号 0532-8775128 开户行及账号：农行城阳区支行15376602060000335			备注			

第二联：抵扣联 购买方抵扣凭证

收款人：刘佳林　　复核：刘佳林　　开票人：吕丽玲　　销售方：（章）

青岛广源钢材有限公司 9137021471355675T7 发票专用章

凭证 54-2

3700192130 山东增值税专用发票 No 07660515 3700192130 07660515

发票联

开票日期：2019年12月25日

购买方	名称：烟台兴茂机械制造有限公司 纳税人识别号：913706129662088957 地址、电话：烟台市莱山区港城街100号0535-6900119 开户行及账号：农行烟台莱山区支行15376201040000182	密码区	1<6<6>*/373>63523*/6*580331 ++8+505>4-<+>/213-+0<38+756 09>>+-*34458/93+>6401/3/422 -*2+88++*<2<>0<1+/55/320+6+

货物或应税劳务、服务名称	规格型号	单位	数量	单价	金额	税率	税额
*钢板		吨	34	3485.00	118490.00	13%	15403.70
合计					¥118490.00		¥15403.70
价税合计（大写）	⊗壹拾叁万叁仟捌佰玖拾叁圆柒角整				（小写）¥133893.70		

销货方	名称：青岛广源钢材有限公司 纳税人识别号：9137021471355675T7 地址、电话：青岛市城阳区夏庄街95号 0532-8775128 开户行及账号：农行城阳区支行15376602060000335	备注	青岛广源钢材有限公司 9137021471355675T7 发票专用章

收款人：刘佳林　复核：刘佳林　开票人：吕丽玲　销售方：（章）

第三联：发票联 购买方记账凭证

凭证 54-3

收料单

No. 209741

供货单位：青岛广源钢材有限公司

发票号码：07660515

2019年12月25日

材料类别	名称及规格	计量单位	数量		实际成本		计划成本		差异
			应收	实收	单价	金额	单价	金额	
钢板		吨	34	34	3 485.00	118 490.00	3 500.00	119 000.00	-510.00
合计		吨	34	34	3 485.00	118 490.00	3 500.00	119 000.00	-510.00

记账联

质量检验：　　收料：

凭证 54-4

银行承兑汇票

2 B/0 B/2 20196751

出票日期（大写） 贰零壹玖 年 壹拾贰 月 贰拾肆 日

<table>
<tr><td>出票人全称</td><td colspan="2">泰安银光电子公司</td><td rowspan="3">收款人</td><td>全　称</td><td>烟台兴茂机械制造有限公司</td></tr>
<tr><td>出票人账号</td><td colspan="2">15376105130000219</td><td>账　号</td><td>15376201040000182</td></tr>
<tr><td>付款人全称</td><td colspan="2">中国农业银行泰安市新泰区支行</td><td>开户银行</td><td>中国农业银行烟台市莱山区支行</td></tr>
<tr><td>出票金额</td><td>人民币（大写）</td><td colspan="3">陆万零捌佰元整</td><td>亿 千 百 十 万 千 百 十 元 角 分
¥ 6 0 8 0 0 0 0</td></tr>
<tr><td>汇票到期日（大写）</td><td colspan="2">贰零贰零年零叁月贰拾肆日</td><td rowspan="2">付款行</td><td>行号</td><td>103463051828</td></tr>
<tr><td>承兑协议编号</td><td colspan="2">355198</td><td>地址</td><td>山东省烟台市牟平区北关大街646号</td></tr>
<tr><td colspan="3">本汇票请你行承兑，到期无条件汇款。
（印章：泰安银光电子公司 财务专用章）（印章：刘山印雷）
出票人签章</td><td colspan="2">本汇票已经承兑，到期日由本行付款。
（印章：中国农业银行烟台市莱山区支行 103456034091 汇票专用章）
备注：</td><td>复核　　记账</td></tr>
</table>

凭证 55

中国农业银行 AGRICULTURAL BANK OF CHINA　　**网上银行电子回单**

<table>
<tr><td colspan="6">电子回单号码：37650400934327416771</td></tr>
<tr><td rowspan="3">付款方</td><td>账　号</td><td>15376201040000182</td><td rowspan="3">收款方</td><td>账　号</td><td>15376602060000335</td></tr>
<tr><td>户　名</td><td>烟台兴茂机械制造有限公司</td><td>户　名</td><td>青岛广源钢材有限公司</td></tr>
<tr><td>开户行</td><td>中国农业银行烟台莱山区支行</td><td>开户行</td><td>中国农业银行城阳区支行</td></tr>
<tr><td colspan="2">金额（小写）</td><td>¥43 093.70</td><td colspan="2">金额（大写）</td><td>肆万叁仟零玖拾叁元柒角整</td></tr>
<tr><td colspan="2">币种</td><td>人民币</td><td colspan="2">交易渠道</td><td>EBNK</td></tr>
<tr><td colspan="2">摘要</td><td>支付材料货款</td><td colspan="2">凭证号</td><td>15376201040000182</td></tr>
<tr><td colspan="2">交易时间</td><td>2019-12-26 15:41:23</td><td colspan="2">会计日期</td><td>20191226</td></tr>
<tr><td colspan="2">附言</td><td colspan="4">（印章：中国农业银行股份有限公司 回单专用章）</td></tr>
</table>

打印日期：2019-12-26

被背书人 青岛广源钢材有限公司	被背书人
烟台兴茂机械制造有限公司 财务专用章 孔祥瑞印 背书人签章 2019年 12 月 25 日	背书人签章 年 月 日

凭证 56-1

3700192130　　**山东增值税专用发票**　　No 07664221　3700192130　07664221

抵扣联

开票日期：2019年12月26日

购买方	名　　称：烟台兴茂机械制造有限公司 纳税人识别号：913706129662088957 地 址、电 话：烟台市莱山区港城街100号0535-6900119 开户行及账号：农行烟台莱山区支行15376201040000182	密码区	373>63523*/6*5803311<6<6>*/ ++8+505>4213-+0<38+756-<+>/ 09>>+-*343/422458/93+>64013 -*2+88++<1+/55/320+6+*<2<>0

货物或应税劳务、服务名称	规格型号	单位	数量	单价	金额	税率	税额
*车辆保险费	2020年		2	896.2250000	1792.45	6%	107.55
合　　计					¥1792.45		¥107.55
价税合计（大写）	⊗壹仟玖佰圆整				（小写）¥1900.00		

销货方	名　　称：烟台平安保险股份有限公司 纳税人识别号：913705142MD1355698 地 址、电 话：烟台市芝罘区环山路25号 0535-6772337 开户行及账号：农行芝罘区支行15376001050000177	备注	

烟台平安保险股份有限公司　913705142MD1355698　发票专用章

收款人：李英辉　　复核：李英辉　　开票人：曲子婷　　销售方：

第二联：抵扣联　购买方抵扣凭证

凭证 56-2

3700192130　　**山东增值税专用发票**　　No 07664221　3700192130　07664221

发票联

开票日期：2019年12月26日

购买方	名　　称：烟台兴茂机械制造有限公司 纳税人识别号：913706129662088957 地 址、电 话：烟台市莱山区港城街100号0535-6900119 开户行及账号：农行烟台莱山区支行15376201040000182	密码区	373>63523*/6*5803311<6<6>*/ ++8+505>4213-+0<38+756-<+>/ 09>>+-*343/422458/93+>64013 -*2+88++<1+/55/320+6+*<2<>0

货物或应税劳务、服务名称	规格型号	单位	数量	单价	金额	税率	税额
*车辆保险费	2020年		2	896.2250000	1792.45	6%	107.55
合　　计					¥1792.45		¥107.55
价税合计（大写）	⊗壹仟玖佰圆整				（小写）¥1900.00		

销货方	名　　称：烟台平安保险股份有限公司 纳税人识别号：913705142MD1355698 地 址、电 话：烟台市芝罘区环山路25号 0535-6772337 开户行及账号：农行芝罘区支行15376001050000177	备注	

烟台平安保险股份有限公司　913705142MD1355698　发票专用章

收款人：李英辉　　复核：李英辉　　开票人：曲子婷　　销售方：

第三联：发票联　购买方记账凭证

凭证 56-3

中国农业银行
转账支票存根
10201110
49860637

烟台证券印制有限公司·2019年印制

附加信息

出票日期 2019年12月26日

收款人： 烟台平安保险股份有限公司

金额： ¥1 900.00

用途： 车辆保险费

单位主管 张 丽 **会计** 李丰富

凭证 56-4

中国农业银行 AGRICULTURAL BANK OF CHINA　　**网上银行电子回单**

电子回单号码：37600569453297976795					
付款方	账 号	15376201040000182	收款方	账 号	15376001050000177
	户 名	烟台兴茂机械制造有限公司		户 名	烟台平安保险股份有限公司
	开户行	中国农业银行烟台莱山区支行		开户行	中国农业银行芝罘区支行
金额（小写）		¥1,900.00	金额（大写）		壹仟玖佰元整
币种		人民币	交易渠道		BTER
摘要		转账取款	凭证号		15376201040000182
交易时间		2019-12-26 16:52:11	会计日期		20191226
附言		中国农业银行股份有限公司 回单专用章			

打印日期：2019-12-26

凭证 57

摊销车辆保险费明细

单位：烟台兴茂机械制造有限公司　　　　所属期间：2019年12月

项目	对方科目	摊销日期	摊销总额	摊销期限	本期摊销额	累计摊销期数	累计摊销车辆保险费额
车辆保险费	预付账款	2019-12-26	￥1 792.45	1年	￥149.37	12	￥1 792.45

会计：李丰富　　　　财务主管：张　丽　　　　制单：

凭证 58

中国农业银行　　网上银行电子回单

AGRICULTURAL BANK OF CHINA

电子回单号码：37650400934327423885					
付款方	账　号	15376602060000335	收款方	账　号	15376201040000182
	户　名	青岛山海机械有限公司		户　名	烟台兴茂机械制造有限公司
	开户行	中国农业银行李沧区支行		开户行	中国农业银行烟台莱山区支行
金额（小写）		￥1 600.80	金额（大写）		壹仟陆佰元捌角整
币种		人民币	交易渠道		EBNK
摘要		货款	凭证号		15376201040000182
交易时间		2019-12-26 16:11:24	会计日期		20191226
附言		中国农业银行股份有限公司 回单专用章			

打印日期：2019-12-26

凭证 59-1

山东增值税电子普通发票

（全国统一发票监制章　国家税务总局　山东省税务局）

机器编号：661701268278

发票代码：037001900391
发票号码：65802356
开票日期：2019年12月27日
校验码：58863 83939 22408 05544

购买方	名　　称：烟台兴茂机械制造有限公司 纳税人识别号：913706129662088957 地 址、电 话：烟台市莱山区港城街100号0535-6900119 开户行及账号：农行烟台莱山区支行15376201040000182	密码区	1<6<6>*3458/373>*5803316352 5>4-<+>/0<3+8+508+75628-+6/ 09>>23-+/>26401/3/42+-*93+> 5/320+6+*<2<>45+-0/-*22<>5+

货物或应税劳务、服务名称	规格型号	单位	数量	单价	金额	税率	税额
*防伪税控开票系统技术维护费			1	264.1500000	264.15	6%	15.85
合　　计					¥264.15		¥15.85
价税合计（大写）	⊗贰佰捌拾圆整			（小写）¥280.00			

销货方	名　　称：烟台市航天信息有限公司 纳税人识别号：9137612MA88KL46322 地 址、电 话：莱山区迎春大街182号 0535-6988005 开户行及账号：农业银行莱山区支行15376002040000783	备注	

收款人：邱红梅　复核：邱红梅　开票人：马明国　销售方：（烟台市航天信息有限公司 9137612MA88KL46322 发票专用章）

凭证 59-2

收　　据

No. 6035390

2019年12月27日

今 收 到

烟台兴茂机械制造有限公司 交来 防伪税控开票系统技术维护费 款

人民币（大写）贰佰捌拾元整

（小写）¥280.00　现金收讫

收款单位（签章）：（烟台市航天信息有限公司 财务专用章）

出纳：李媛媛　核准：钱多多　会计：　经手人：

第二联：收据联

凭证 60

厂房租金收入明细

单位：烟台兴茂机械制造有限公司　　　　所属期间：2019年12月

项目	对方科目	确认日期	租金收入总额	期限	本期确认租金收入金额	累计确认收入期数	累计确认租金收入金额
厂房租金收入	预收账款	2019-12-27	￥27 522.94	6个月	￥4 587.14	6	￥27 522.94

会计：李丰富　　　　财务主管：张　丽

凭证 61

中国农业银行　AGRICULTURAL BANK OF CHINA　　网上银行电子回单

电子回单号码：37650400934327416824					
付款方	账　号	15376201040000182	收款方	账　号	15376201061000097
	户　名	烟台兴茂机械制造有限公司		户　名	中通工业集团
	开户行	中国农业银行烟台莱山区支行		开户行	中国农业银莱山区支行
金额（小写）		￥193 875.00	金额（大写）		壹拾玖万叁仟捌佰柒拾伍元整
币种		人民币	交易渠道		EBNK
摘要		支付前欠货款	凭证号		15376201040000182
交易时间		2019-12-27 12:45:25	会计日期		20191227
附言		中国农业银行股份有限公司 回单专用章			

打印日期：2019-12-27

凭证 62-1

3700192130 **山东增值税专用发票** No 07660345

3700192130
07660345

抵扣联

全国统一发票监制章 山东 国家税务总局监制

开票日期：2019年12月28日

购买方	名　　称：	烟台兴茂机械制造有限公司	密码区	1<6<6>**580331/373>63523*/6
	纳税人识别号：	913706129662088957		++8+505>4-<+>/0<38+756213-+
	地 址、电 话：	烟台市莱山区港城街100号0535-6900119		09>>+-*93+>6401/3/42234458/
	开户行及账号：	农行烟台莱山区支行15376201040000182		-*2+88++5/320+6+*<2<>0<1+/5

货物或应税劳务、服务名称	规格型号	单位	数 量	单 价	金 额	税 率	税 额
*铝合金		吨	3	13500.00	40500.00	13%	5265.00
合　　计					¥40500.00		¥5265.00
价税合计（大写）	⊗肆万伍仟柒佰陆拾伍圆整				（小写）¥45765.00		

销货方	名　　称：	中通工业集团	备注	中通工业集团 913706125457K45670 发票专用章
	纳税人识别号：	913706125457K45670		
	地 址、电 话：	烟台市莱山区迎春大街91号 0535-6745941		
	开户行及账号：	农行莱山区支行15376201061000097		

收款人：黄翔　　复核：黄翔　　开票人：于深勇　　销售方：（章）

第二联：抵扣联　购买方抵扣凭证

凭证 62-2

3700192130 **山东增值税专用发票** No 07660345

3700192130
07660345

发票联

全国统一发票监制章 山东 国家税务总局监制

开票日期：2019年12月28日

购买方	名　　称：	烟台兴茂机械制造有限公司	密码区	1<6<6>**580331/373>63523*/6
	纳税人识别号：	913706129662088957		++8+505>4-<+>/0<38+756213-+
	地 址、电 话：	烟台市莱山区港城街100号0535-6900119		09>>+-*93+>6401/3/42234458/
	开户行及账号：	农行烟台莱山区支行15376201040000182		-*2+88++5/320+6+*<2<>0<1+/5

货物或应税劳务、服务名称	规格型号	单位	数 量	单 价	金 额	税 率	税 额
*铝合金		吨	3	13500.00	40500.00	13%	5265.00
合　　计					¥40500.00		¥5265.00
价税合计（大写）	⊗肆万伍仟柒佰陆拾伍圆整				（小写）¥45765.00		

销货方	名　　称：	中通工业集团	备注	中通工业集团 913706125457K45670 发票专用章
	纳税人识别号：	913706125457K45670		
	地 址、电 话：	烟台市莱山区迎春大街91号 0535-6745941		
	开户行及账号：	农行莱山区支行15376201061000097		

收款人：黄翔　　复核：黄翔　　开票人：于深勇　　销售方：（章）

第三联：发票联　购买方记账凭证

凭证 63-1

3700192130 **山东增值税专用发票** No 00001278 3700192130 00001278

抵扣联

开票日期：2019年12月28日

购买方	名　　称：烟台兴茂机械制造有限公司 纳税人识别号：913706129662088957 地址、电话：烟台市莱山区港城街100号0535-6900119 开户行及账号：农行烟台莱山区支行15376201040000182				密码区	1<6<6>**580331/373>63523*/6 ++8+505>4-<+>/0<38+756213- 09>>+-*93+>6401/3/42234458/ -*2+88++5/320+6+*<2<>0<1+	
货物或应税劳务、服务名称	规格型号	单位	数　量	单　价	金　额	税　率	税　额
*交通运输服务*运费		公里	10	30.00	300.00	9%	27.00
合　　计					¥300.00		¥27.00
价税合计（大写）	⊗叁佰贰拾柒圆整				（小写）¥327.00		
销售方	名　　称：德邦物流股份有限公司 纳税人识别号：91310000692944357T 地址、电话：烟台市莱山区迎春大街151号 0535-6901256 开户行及账号：农行莱山区支行15376201061000455				备注	起始地：烟台莱山 到达地：烟台莱山 货物信息：铝合金 车牌号：鲁F9123N	

收款人：刘源涛　复核：张建鹏　开票人：刘源涛　销售方：（章）

德邦物流股份有限公司 91310000692944357T 发票专用章

第二联：抵扣联 购买方抵扣凭证

凭证 63-2

3700192130 **山东增值税专用发票** No 00001278 3700192130 00001278

发票联

开票日期：2019年12月28日

购买方	名　　称：烟台兴茂机械制造有限公司 纳税人识别号：913706129662088957 地址、电话：烟台市莱山区港城街100号0535-6900119 开户行及账号：农行烟台莱山区支行15376201040000182				密码区	1<6<6>**580331/373>63523*/6 ++8+505>4-<+>/0<38+756213- 09>>+-*93+>6401/3/42234458/ -*2+88++5/320+6+*<2<>0<1+	
货物或应税劳务、服务名称	规格型号	单位	数　量	单　价	金　额	税　率	税　额
*交通运输服务*运费		公里	10	30.00	300.00	9%	27.00
合　　计					¥300.00		¥27.00
价税合计（大写）	⊗叁佰贰拾柒圆整				（小写）¥327.00		
销售方	名　　称：德邦物流股份有限公司 纳税人识别号：91310000692944357T 地址、电话：烟台市莱山区迎春大街151号 0535-6901256 开户行及账号：农行莱山区支行15376201061000455				备注	起始地：烟台莱山 到达地：烟台莱山 货物信息：铝合金 车牌号：鲁F9123N	

收款人：刘源涛　复核：张建鹏　开票人：刘源涛　销售方：（章）

德邦物流股份有限公司 91310000692944357T 发票专用章

第三联：发票联 购买方记账凭证

凭证 63-3

收　　据

No. 6032311

2019年12月28日

今　收　到

烟台兴茂机械制造有限公司 交来 运费 款

人民币（大写）叁佰贰拾柒元整

（小写）￥327.00　现金收讫

收款单位（签章）：德邦物流股份有限公司 财务专用章

出纳：王晓莹　核准：　会计：孙乐倩　经手人：

第二联：收据联

凭证 63-4

收 料 单

No. 209742

供货单位：中通工业集团

发票号码：07660345

2019年12月28日

材料类别	名称及规格	计量单位	数量		实际成本			计划成本		差异
			应收	实收	单价	金额	运费	单价	金额	
铝合金		吨	3	3	13 500.00	40 500.00	300.00	13 300.00	39 900.00	900.00
合　计		吨	3	3	13 500.00	40 500.00	300.00	13 300.00	39 900.00	900.00

质量检验：刘伟　收料：赵小英

记账联

凭证 64

收　　据

No. 6032446

2019年12月29日

今　收　到

赵小英　交来　仓库管理失误罚　款

人民币（大写）柒佰叁拾柒元肆角整

（小写）￥737.40　现金收讫

收款单位（签章）：烟台兴茂机械制造有限公司 财务专用章

第三联：记账联

出纳：王小刚　核准：张　丽　会计：李丰富　经手人：

凭证 65-1

3700192130　山东增值税专用发票　No 07660239　3700192130 07660239

全国统一发票监制章 山东 国家税务总局监制

抵扣联

开票日期：2019年12月30日

购买方	名　　称：烟台兴茂机械制造有限公司 纳税人识别号：913706129662088957 地 址、电 话：烟台市莱山区港城街100号0535-6900119 开户行及账号：农行烟台莱山区支行15376201040000182	密码区	1<6<6>*/6*580331373>63523*/ ++8+505>4-<+>+0<38+756/213- 09>>+-*346401/3/422458/93+> -*2+88++*<2<>0<20+6+1+/55/3

货物或应税劳务、服务名称	规格型号	单位	数量	单价	金额	税率	税额
*铣床		台	1	150442.48	150442.48	13%	19557.52
合　　计					¥150442.48		¥19557.52
价税合计（大写）	⊗壹拾柒万圆整				（小写）¥170000.00		

销货方	名　　称：烟台海德专用车有限公司 纳税人识别号：913702147MA55675L8 地 址、电 话：烟台市牟平区新城大街11号 0535-4773429 开户行及账号：农行牟平区支行15376651060000779	备注	烟台海德专用车有限公司 913702147MA55675L8 发票专用章

第二联：抵扣联　购买方抵扣凭证

收款人：蒋宏运　复核：蒋宏运　开票人：陈康　销售方：（章）

凭证 65-2

3700192130 **山东增值税专用发票** No 07660239 3700192130 07660239

开票日期：2019年12月30日

购买方	名　　称：烟台兴茂机械制造有限公司 纳税人识别号：913706129662088957 地 址、电 话：烟台市莱山区港城街100号0535-6900119 开户行及账号：农行烟台莱山区支行15376201040000182	密码区	1<6<6>*/6*580331373>63523*/ ++8+505>4-<+>+0<38+756/213- 09>>+-*346401/3/422458/93+> -*2+88++*<2<>0<20+6+1+/55/3

货物或应税劳务、服务名称	规格型号	单位	数量	单价	金额	税率	税额
*铣床		台	1	150442.48	150442.48	13%	19557.52
合　计					¥150442.48		¥19557.52
价税合计（大写）	⊗壹拾柒万圆整				（小写）¥170000.00		

销货方	名　　称：烟台海德专用车有限公司 纳税人识别号：913702147MA55675L8 地 址、电 话：烟台市牟平区新城大街11号 0535-4773429 开户行及账号：农行牟平区支行15376651060000779	备注	

收款人：蒋宏运　复核：蒋宏运　开票人：陈康　销售方：（章）

第三联：发票联　购买方记账凭证

凭证 65-3

中国农业银行 AGRICULTURAL BANK OF CHINA　**网上银行电子回单**

电子回单号码：37650400934327411352					
付款方	账　号	15376651060000779	收款方	账　号	15376201040000182
	户　名	烟台海德专用车有限公司		户　名	烟台兴茂机械制造有限公司
	开户行	中国农业银行牟平区支行		开户行	中国农业银行烟台莱山区支行
金额（小写）		¥50 000.00	金额（大写）		伍万元整
币种		人民币	交易渠道		EBNK
摘要		投资	凭证号		15376201040000182
交易时间		2019-12-30 11:45:20	会计日期		20191230
附言					

打印日期：2019-12-30

凭证 66

债券投资摊余成本计算表

计息期间	期初摊余成本	投资收益	应收利息	摊销额	期末摊余成本
2019.1.1-2019.12.31					
2020.1.1-2020.12.31					
2021.1.1-2021.12.31					

会计：李丰富　　　　财务主管：张　丽

凭证 67

固定资产减值申请表

申请单位（盖章）　　　　2019年12月29日

设备名称	锻压机床	原　值(元)	43 604.00
设备编号	0403990012	累计折旧(元)	10 450.00
购买时间	2017年6月	账面价值(元)	33 154.00
可收回金额(元)	28 000.00	资产减值损失(元)	5 154.00
尚可使用年限(年)	4	-	

生产管理部门	设备工艺技术已落后，申请减值。 申请部门负责人（签名）：宋小宝 2019年 12 月 29 日
财务部门意见	同意 签章：张　丽 2019年 12 月 30日
总经理审批意见	同意 签章：孔祥瑞 2019年 12 月 31 日

凭证 68

坏账准备计提表

单位盖章：　　　　　　2019年12月31日

账龄	应收账款金额	坏账准备计提率	坏账准备金额
1年以内	754 500.00	3%	
财务专用章	171 400.00	5%	
2 － 3年	79 754.00	10%	
3年以上	47 079.00	20%	
合　　计	1052 733.00	—	

会计：李丰富　　　　财务主管：张　丽

凭证 69

交易性金融资产成本与公允价值变动明细

时间	股票名称	股票数量	股票价格	股票成本	公允价值变动
2019年8月13日	浪潮软件	45 000	20.00	900 000.00	0.00
2019年11月30日	浪潮软件	45 000	22.10	900 000.00	94 500.00
2019年12月17日	浪潮软件	30 000	22.40	600 000.00	63 000.00
2019年12月31日	浪潮软件	30 000	22.60	600 000.00	78 000.00

会计：李丰富　　　　财务主管：张　丽

凭证 70

长期股权投资损益调整计算表

被投资单位	当年净利润（元）	宣告分配现金股利（元）	本公司出资比例	投资收益（元）	应收股利（元）
烟台天明机械装备有限公司	96 000.00	30 000.00	30.00%	28 800.00	9 000.00

会计：李丰富　　财务主管：张　丽

凭证 71-1

烟台兴茂机械制造有限公司工资结算汇总表

2019年12月　　单位：元　　人数：24人

部门	基本工资	岗位工资	工龄工资	应付工资	代扣款项						实发金额
					基本养老保险费	失业保险费	基本医疗保险费	住房公积金	合计	个人所得税	
生产车间	31 000.00	21 500.00	4 980.00	57 480.00	3 661.05	137.23	915.26	4 598.40	9 311.94	0.00	48 168.06
生产管理部门	4 500.00	3 380.00	1 700.00	9 580.00	610.18	22.87	152.55	766.40	1 552.00	0.00	8 028.00
行政部门	4 000.00	3 460.00	2 120.00	9 580.00	610.18	22.87	152.55	766.40	1 552.00	0.00	8 028.00
销售部	10 200.00	7 760.00	1 200.00	19 160.00	1 220.35	45.75	305.08	1 532.80	3 103.98	0.00	16 056.02
合计	49 700.00	36 100.00	10 000.00	95 800.00	6 101.76	228.72	1 525.44	7 664.00	15 519.92	0.00	80 280.08

会计：李丰富　　复核：王小刚　　财务主管：张　丽　　总经理：孔祥瑞

凭证 71-2

产品生产工时

单位：烟台兴茂机械制造有限公司　　所属期间：2019年12月

产品名称	生产工时（小时）
抗性消音器	1106
铝合金消音器	921

生产车间主管：孙思泽　　会计：李丰富

凭证 71-3

工资费用分配表

单位：烟台兴茂机械制造有限公司　　所属期间：2019年12月

部门	借方科目	明细科目	工时（小时）	分配比例	分配费用
生产车间	生产成本	抗性消音器	1 106	60%	
		铝合金油箱	921		
生产管理部门	制造费用	职工薪酬	—	10%	
行政管理部门	管理费用	职工薪酬	—	10%	
销售部	销售费用	职工薪酬	—	20%	
合计			—	100%	

会计：李丰富　　财务主管：张　丽

凭证 71-4

公司承担社会保险费用分配表

单位：烟台兴茂机械制造有限公司　　　　　　所属期间：2019年12月

部门	借方科目	明细科目	工时（小时）	分配比例	分配费用
生产车间	生产成本	抗性消音器	1 106	60%	
		铝合金油箱	921		
生产管理部门	制造费用	职工薪酬	—	10%	
行政管理部门	管理费用	职工薪酬	—	10%	
销售部	销售费用	职工薪酬	—	20%	
合计			—	100%	

会计：李丰富　　　　　　财务主管：张　丽

凭证 71-5

公司承担住房公积金费用分配表

单位：烟台兴茂机械制造有限公司　　　　　　所属期间：2019年12月

部门	借方科目	明细科目	工时（小时）	分配比例	分配费用
生产车间	生产成本	抗性消音器	1 106	60%	
		铝合金油箱	921		
生产管理部门	制造费用	职工薪酬	—	10%	
行政管理部门	管理费用	职工薪酬	—	10%	
销售部	销售费用	职工薪酬	—	20%	
合计			—	100%	

会计：李丰富　　　　　　财务主管：张　丽

凭证 71-6

工会经费费用分配表

单位：烟台兴茂机械制造有限公司　　　　所属期间：2019年12月

部门	借方科目	明细科目	工时（小时）	分配比例	分配费用
生产车间	生产成本	抗性消音器	1 106	60%	
		铝合金油箱	921		
生产管理部门	制造费用	职工薪酬	—	10%	
行政管理部门	管理费用	职工薪酬	—	10%	
销售部	销售费用	职工薪酬	—	20%	
合计			—	100%	

会计：李丰富　　　　财务主管：张　丽

凭证 72

水费分配表

单位：烟台兴茂机械制造有限公司　　　　所属期间：2019年12月

部门	借方科目	明细科目	工时（小时）	分配比例	分配费用
生产车间	生产成本	抗性消音器	1 106	60%	
		铝合金油箱	921		
生产管理部门	制造费用	水电费	—	20%	
行政管理部门	管理费用	水电费	—	10%	
销售部	销售费用	水电费	—	10%	
合计			—	100%	

会计：李丰富　　　　财务主管：张　丽

凭证 73

电费分配表

单位：烟台兴茂机械制造有限公司　　　　所属期间：2019年12月

部门	借方科目	明细科目	工时（小时）	分配比例	分配费用
生产车间	生产成本	抗性消音器	1 106	60%	
		铝合金油箱	921		
生产管理部门	制造费用	水电费	—	20%	
行政管理部门	管理费用	水电费	—	10%	
销售部	销售费用	水电费	—	10%	
合计			—	100%	

会计：李丰富　　　　财务主管：张　丽

凭证 74-1

固定资产折旧计算表

单位：烟台兴茂机械制造有限公司　　　　2019年12月31日

固定资产种类	原值	残值率	使用年限	月折旧率	月折旧额
建筑物	2 660 000.00	5%	20	0.40%	10 529.17
机器设备	4 858 272.00	5%	10	0.79%	38 461.32
办公设备	287 550.00	4%	5	1.60%	4 600.80
合计	7 805 822.00	—	—	—	53 591.29

会计：李丰富　　　　财务主管：张　丽

凭证 74-2

固定资产折旧分配表

单位：烟台兴茂机械制造有限公司　　　　2019年12月31日

科目 \ 固定资产	建筑物		机器设备		办公设备		合计
	比例	金额	比例	金额	比例	金额	
制造费用	70%		100%		40%		
管理费用	30%		—		60%		
合计	—		—		—		

会计：李丰富　　　　财务主管：张　丽

凭证 75

无形资产摊销计算表

单位：烟台兴茂机械制造有限公司　　　　2019年12月31日

无形资产种类	原值	残值率	使用年限	月摊销率	月摊销额
专利	480 000.00	5%	10	0.79%	3 800.00

会计：李丰富　　　　财务主管：张　丽

凭证 76

制造费用分配表

单位：烟台兴茂机械制造有限公司　　　　2019年12月31日

科目 \ 制造费用	工时（小时）	办公用品（元）	水电费（元）	职工薪酬（元）	折旧（元）	分配金额（元）
生产成本——抗性消音器	1 106					
生产成本——铝合金油箱	921					
合　计	2 027					

会计：李丰富　　　　财务主管：张　丽

凭证 77-1

领　料　单

No. 2019025

领料部门：生产车间　　　　2019年12月3日

单位：烟台兴茂机械制造有限公司

材料类别	名称及规格	计量单位	数量		计划单价（元）	金额（元）	用途	领料人签字
			请领	实领				
钢板		吨	9	9	3 500.00	31 500.00	抗性消音器	贾凯鸿
铝合金		吨	2	2	13 300.00	26 600.00	铝合金油箱	贾凯鸿
合　计		吨	11	11		58 100.00		

记账联

仓库主管：刘伟　　　　发料人：赵小英　　　　领料部门主管：孙思泽

凭证 77-2

领料单

No. 2019026

领料部门：生产车间　　2019年12月6日

单位：烟台兴茂机械制造有限公司

材料类别	名称及规格	计量单位	数量		计划单价（元）	金额（元）	用途	领料人签字
			请领	实领				
钢板		吨	7	7	3 500.00	24 500.00	抗性消音器	贾凯鸿
合　计		吨	7	7	3 500.00	24 500.00		

记账联

仓库主管：刘伟　　发料人：赵小英　　领料部门主管：孙思泽

凭证 77-3

领料单

No. 2019027

领料部门：生产车间　　2019年12月9日

单位：烟台兴茂机械制造有限公司

材料类别	名称及规格	计量单位	数量		计划单价（元）	金额（元）	用途	领料人签字
			请领	实领				
铝合金		吨	1	1	13 300.00	13 300.00	铝合金油箱	杨文栋
合 计		吨	1	1	13 300.00	13 300.00		

记账联

仓库主管：刘伟　　发料人：赵小英　　领料部门主管：孙思泽

凭证 77-4

领 料 单

No. 2019028

领料部门：生产车间　　2019年12月12日

单位：烟台兴茂机械制造有限公司

材料类别	名称及规格	计量单位	数量		计划单价（元）	金额（元）	用途	领料人签字
			请领	实领				
钢板		吨	9	9	3 500.00	31 500.00	抗性消音器	杨文栋
铝合金		吨	2.3	2.3	13 300.00	30 590.00	铝合金油箱	杨文栋
合　计		吨	11.3	11.3		62 090.00		

记账联

仓库主管：刘伟　　发料人：赵小英　　领料部门主管：孙思泽

凭证 77-5

领 料 单

No. 2019029

领料部门：生产车间　　2019年12月15日

单位：烟台兴茂机械制造有限公司

材料类别	名称及规格	计量单位	数量		计划单价（元）	金额（元）	用途	领料人签字
			请领	实领				
钢板		吨	7.5	7.5	3 500.00	26 250.00	抗性消音器	贾凯鸿
合　计		吨	7.5	7.5	3 500.00	26 250.00		

记账联

仓库主管：刘伟　　发料人：赵小英　　领料部门主管：孙思泽

凭证 77-6

领 料 单

No. 2019030

领料部门：生产车间　　2019年12月18日

单位：烟台兴茂机械制造有限公司

材料类别	名称及规格	计量单位	数量		计划单价（元）	金额（元）	用途	领料人签字
			请领	实领				
钢板		吨	7	7	3 500.00	24 500.00	抗性消音器	贾凯鸿
铝合金		吨	1.3	1.3	13 300.00	17 290.00	铝合金油箱	贾凯鸿
合　计		吨	8.3	8.3		41 790.00		

记账联

仓库主管：刘伟　　发料人：赵小英　　领料部门主管：孙思泽

凭证 77-7

领 料 单

No. 2019031

领料部门：生产车间　　2019年12月22日

单位：烟台兴茂机械制造有限公司

材料类别	名称及规格	计量单位	数量		计划单价（元）	金额（元）	用途	领料人签字
			请领	实领				
钢板		吨	6	6	3 500.00	21 000.00	抗性消音器	杨文栋
铝合金		吨	3	3	13 300.00	39 900.00	铝合金油箱	杨文栋
合　计		吨	9	9		60 900.00		

记账联

仓库主管：刘伟　　发料人：赵小英　　领料部门主管：孙思泽

凭证 77-8

领 料 单

No. 2019032

领料部门：生产车间　　2019年12月26日

单位：烟台兴茂机械制造有限公司

材料类别	名称及规格	计量单位	数量		计划单价（元）	金额（元）	用途	领料人签字
			请领	实领				
钢板		吨	9	9	3 500.00	31 500.00	抗性消音器	贾凯鸿
合　计		吨	9	9	3 500.00	31 500.00		

记账联

仓库主管：刘伟　　发料人：赵小英　　领料部门主管：孙思泽

凭证 77-9

领 料 单

No. 2019032

领料部门：生产车间　　2019年12月26日

单位：烟台兴茂机械制造有限公司

材料类别	名称及规格	计量单位	数量		计划单价（元）	金额（元）	用途	领料人签字
			请领	实领				
钢板		吨	8	8	3 500.00	28 000.00	抗性消音器	贾凯鸿
合　计		吨	8	8	3 500.00	28 000.00		

记账联

仓库主管：刘伟　　发料人：赵小英　　领料部门主管：孙思泽

凭证 77-10

材料成本差异率计算表

单位：烟台兴茂机械制造有限公司　　　　日期：2019年12月31日

材料类别	月初结存差异	本月收料差异	月初结存计划成本	本月收料计划成本	差异率
钢板	-1 050.00	-1 035.00	245 000.00	241 500.00	-0.43%
铝合金	2 500.00	1 900.00	166 250.00	106 400.00	1.61%

会计：李丰富　　　　财务主管：张丽

凭证 77-11

材料收发存汇总表

单位：烟台兴茂机械制造有限公司　　　　2019年12月31日

材料类别	计量单位	计划单价（元）	期初结存			本期收入			差异率	本期发出				期末结存		
			数量	计划成本（元）	差异（元）	数量	计划成本（元）	差异（元）		用途	数量	计划成本（元）	差异（元）	数量	计划成本（元）	差异（元）
钢板	吨	3 500.00	70	245 000.00	-1 050.00	69	241 500.00	-1 035.00	-0.43%	委托加工材料	10	35 000.00	- 150.00	66.5	232 750.00	- 997.50
										抗性消音器	62.5	218 750.00	- 937.50			
铝合金	吨	13 300.00	12.5	166 250.00	2 500.00	8	106 400.00	1 900.00	1.61%	铝合金油箱	9.6	127 680.00	2 060.49	10.9	144 970.00	2 339.51

会计：李丰富　　　　财务主管：张丽

凭证 78-1

产 成 品 入 库 单

No. 20195683

类　　别：生产车间

单位：烟台兴茂机械制造有限公司　　　　入库时间：2019年12月4日

产品名称	产品规格	单位	数量	交货人	库管员确认	备注
抗性消音器		件	150	贾凯鸿	赵小英	
合　计		件	150			

记账联

质量检验：刘伟　　　　仓库主管：于传强

凭证 78-2

产 成 品 入 库 单

No. 20195684

类　　别：生产车间

单位：烟台兴茂机械制造有限公司　　　　入库时间：2019年12月5日

产品名称	产品规格	单位	数量	交货人	库管员确认	备注
铝合金油箱		件	100	杨文栋	赵小英	
合　计		件	100			

记账联

质量检验：刘伟　　　　仓库主管：于传强

凭证 78-3

产 成 品 入 库 单

No. 20195685

类　　别：生产车间

单位：烟台兴茂机械制造有限公司　　　　入库时间：2019年12月9日

产品名称	产品规格	单位	数量	交货人	库管员确认	备注
抗性消音器		件	250	贾凯鸿	赵小英	
合　计		件	250			

记账联

质量检验：刘伟　　　　仓库主管：于传强

凭证 78-4

产 成 品 入 库 单

No. 20195686

类　　别：生产车间

单位：烟台兴茂机械制造有限公司　　　　入库时间：2019年12月9日

产品名称	产品规格	单位	数量	交货人	库管员确认	备注
铝合金油箱		件	150	杨文栋	赵小英	
合　计		件	150			

记账联

质量检验：刘伟　　　　仓库主管：于传强

凭证 78-5

产 成 品 入 库 单

No. 20195687

类　　别：生产车间

单位：烟台兴茂机械制造有限公司

入库时间：2019年12月19日

产品名称	产品规格	单位	数量	交货人	库管员确认	备注
抗性消音器		件	400	贾凯鸿	赵小英	
合　计		件	400			

记账联

质量检验：刘伟　　仓库主管：于传强

凭证 78-6（注：该凭证是凭证 47-4 的复印件）

产 成 品 入 库 单

No. 20195688

类　　别：委托加工

入库时间：2019年12月21日

产品名称	产品规格	单位	数量	交货人	库管员确认	备注
有源消音器		件	160	朱志刚	赵小英	
合　计		件	160			

记账联

质量检验：刘伟　　仓库主管：于传强　　制单：

凭证 78-7

产 成 品 入 库 单

No. 20195689

类　　别：生产车间

单位：烟台兴茂机械制造有限公司　　入库时间：2019年12月23日

产品名称	产品规格	单位	数量	交货人	库管员确认	备注
铝合金油箱		件	200	杨文栋	赵小英	
合　计		件	200			

记账联

质量检验：刘伟　　仓库主管：于传强

凭证 78-8

产 成 品 入 库 单

No. 20195690

类　　别：生产车间

单位：烟台兴茂机械制造有限公司　　入库时间：2019年12月27日

产品名称	产品规格	单位	数量	交货人	库管员确认	备注
抗性消音器		件	450	贾凯鸿	赵小英	
合　计		件	450			

记账联

质量检验：刘伟　　仓库主管：于传强

凭证 78-9

产品生产量、销售量统计表

单位：烟台兴茂机械制造有限公司　　　　日期：2019年12月31日

产品	期初数量(件)	生产量(件)	销售量(件)	期末数量(件)
抗性消音器	3 430	1 250	2 860	1 820
铝合金油箱	1 158	450	185	1 423
有源消音器	0	160	160	0

会计：李丰富　　　　财务主管：张　丽

凭证 78-10

产品工序汇总表

单位：烟台兴茂机械制造有限公司

产品	第1道工序	第2道工序	第3道工序	第4道工序	第5道工序
抗性消音器	20%	30%	15%	25%	10%
铝合金油箱	30%	40%	10%	20%	—

会计：李丰富　　　　生产车间主管：孙思泽

凭证 78-11

产品约当量计算表

单位：烟台兴茂机械制造有限公司　　　　　　　　日期：2019年12月31日

产品	完工量	在产量	在产品约当量	总约当量
抗性消音器	1 250	985		
铝合金油箱	450	485		

会计：李丰富　　　　财务主管：张　丽

注：截止到本月底，抗性消音器完工程度为90%，铝合金油箱完工程度为80%。

凭证 78-12

抗性消音器库存商品、在产品分配表

单位：烟台兴茂机械制造有限公司　　　　　　　　日期：2019年12月31日

生产成本——抗性消音器	直接动力	直接材料	直接人工	制造费用	合　计
期　初	1 719.66	184 326.86	40 487.26	30 243.49	256 777.27
本月发生	1 465.97	217 812.50	41 436.01	33 659.65	294 374.13
合　计	3 185.63	402 139.36	81 923.27	63 903.14	551 151.40
分配率	1.491 051	179.928 125	38.344 615	29.910 199	—
库存商品	1 863.81	224 910.16	47 930.77	37 387.75	312 092.49
在 产 品	1 321.82	177 229.20	33 992.50	26 515.39	239 058.91

会计：李丰富　　　　财务主管：张　丽

凭证 78-13

铝合金油箱库存商品、在产品分配表

单位：烟台兴茂机械制造有限公司　　日期：2019年12月31日

生产成本——铝合金油箱	直接动力	直接材料	直接人工	制造费用	合　计
期　初	1 480.34	108 989.13	34 852.74	26 034.58	171 356.79
本月发生	1 220.75	129 740.49	34 505.03	28 029.43	193 495.70
合　计	2 701.09	238 729.62	69 357.77	54 064.01	364 852.49
分配率	3.223 258	255.325 797	82.765 835	64.515 525	—
库存商品	1 450.47	114 896.61	37 244.63	29 031.99	182 623.70
在 产 品	1 250.62	123 833.01	32 113.14	25 032.02	182 228.79

会计：李丰富　　财务主管：张　丽

凭证 79-1

产 成 品 出 库 单

No. 20198601

购货单位：　济南西城机械有限公司

业务员：　徐瑞诚　　出库时间：2019年12月3日

产品名称	产品规格	单位	销售数量	实发数量	库管员确认	备注
抗性消音器		件	910	910	赵小英	
合　计		件	910	910		

记账联

发货人：马少翔　　仓库主管：于传强

凭证 79-2

产 成 品 出 库 单

No. 20198602

购货单位：济南信达汽车配件有限公司

业务员：徐瑞城　　　出库时间：2019年12月15日

产品名称	产品规格	单位	销售数量	实发数量	库管员确认	备注
铝合金油箱		件	185	185	赵小英	
合　计		件	185	185		

记账联

发货人：马少翔　　　仓库主管：于传强

凭证 79-3

产 成 品 出 库 单

No. 20198603

购货单位：烟台三立有限公司

业务员：刘永利　　　出库时间：2019年12月19日

产品名称	产品规格	单位	销售数量	实发数量	库管员确认	备注
抗性消音器		件	1 950	1 950	赵小英	
合　计		件	1 950	1 950		

记账联

发货人：马少翔　　　仓库主管：于传强

凭证 79-4

产 成 品 出 库 单 No. 20198604

购货单位：泰安银光电子公司

业务员：王超 出库时间：2019年12月24日

产品名称	产品规格	单位	销售数量	实发数量	库管员确认	备注
有源消音器		件	160	160	赵小英	
合 计		件	160	160		

记账联

发货人：马少翔 仓库主管：于传强

凭证 79-5

加权平均法计算单位产品成本

单位：烟台兴茂机械制造有限公司 日期：2019年12月31日

产品	期初存货(元)	发生盘亏(元)	本期生产(元)	可供出售成本(元)	账面数量(件)	盘亏数量(件)	可供出售数量(件)	单位产品成本(元)
抗性消音器	843 094.00	3 687.00	312 092.49	1 151 499.49	4 680	15	4 665	246.838 047
铝合金油箱	445 945.80	—	182 623.70	628 569.50	1 608	—	1 608	390.901 430
有源消音器	0.00	—	43 257.08	43 257.08	160	—	160	270.356 750

会计 李丰富 财务主管：张 丽

凭证 79-6

产品主营业务成本计算表

单位：烟台兴茂机械制造有限公司　　　　日期：2019年12月31日

产品	销售量(件)	产品单位成本(元)	主营业务成本(元)
抗性消音器			
铝合金油箱			
有源消音器			

会计：李丰富　　　　财务主管：张　丽

凭证 80-1

低值易耗品出库单

No. 20198611

购货单位：　济南信达汽车配件有限公司

业务员：　徐瑞城　　　　出库时间：2019年12月15日

产品名称	产品规格	单位	销售数量	实发数量	库管员确认	备注
包装盒		个	185	185	赵小英	
合　计		个	185	185		

记账联

发货人：马少翔　　　　仓库主管：于伟强

凭证 80-2

材料成本差异率计算表

单位：烟台兴茂机械制造有限公司　　日期：2019年12月31日

材料类别	月初结存差异(元)	本月收料差异(元)	月初结存计划成本(元)	本月收料计划成本(元)	差异率
包装盒	0.00	600.00	11 380.00	12 000.00	2.57%

会计：李丰富　　财务主管：张　丽

凭证 80-3

低值易耗品收发存汇总表

单位：烟台兴茂机械制造有限公司　　2019年12月31日

材料类别	计量单位	计划单价(元)	期初结存			本期收入			差异率	本期发出			期末结存		
			数量	计划成本(元)	差异(元)	数量	计划成本(元)	差异(元)		数量	计划成本(元)	差异(元)	数量	计划成本(元)	差异(元)
包装盒	个	2.00	5690	11 380.00	0.00	6000	12 000.00	600.00	2.57%	185	370.00	9.50	11505	23 010.00	590.50

会计：李丰富　　财务主管：张　丽

凭证 81

本月应交增值税计算表

单位：烟台兴茂机械制造有限公司　　所属期间：2019年12月

销项税额(元)	进项税额(元)	减免额(元)	应交增值税(元)

会计：李丰富　　财务主管：张　丽

凭证 82-1

城市维护建设税计算表

单位：烟台兴茂机械制造有限公司　　所属期间：2019年12月

应交增值税(元)	本月应交城市维护建设税总额		报废数控机床已计提城建税(元)	月底计提城市维护建设税(元)
	税率	金额(元)		
50 298.14	7%			

会计：李丰富　　财务主管：张　丽

凭证 82-2

教育费附加计算表

单位：烟台兴茂机械制造有限公司　　　　所属期间：2019年12月

应交增值税(元)	本月应交教育费附加总额		报废数控机床已计提教育费附加(元)	月底计提教育费附加(元)
	税率	金额		
50 298.14	3%			

会计：李丰富　　　　财务主管：张　丽

凭证 83

印花税计算表

单位：烟台兴茂机械制造有限公司　　　　所属期间：2019年12月

营业收入(元)	当地核定征收比例	印花税税率	应交印花税(元)
1 077 330.09	50%	0.03%	

会计：李丰富　　　　财务主管：张　丽

凭证 84-1

土地使用税计算表

单位：烟台兴茂机械制造有限公司　　　　所属期间：2019年12月

项目	土地总面积（平方米）	土地等级	核定税额标准（元）	年应交土地使用税（元）	本季度交土地使用税（元）
土地使用税	2 600.00	城市土地——土地二级	8		

会计：李丰富　　　　财务主管：张　丽

凭证 84-2

房产税计算表

单位：烟台兴茂机械制造有限公司　　　　所属期间：2019年12月

项目	原值	第四季度租金收入	计税比例	税率	第四季度交土地使用税（元）
建筑物自用部分	1 760 000.00	-	70.00%	1.20%	
建筑物出租部分	900 000.00	13 761.42	-	12%	
合计	2 660 000.00	-	-	-	

会计：李丰富　　　　财务主管：张　丽

凭证 85-1

收入类科目汇总表

单位：烟台兴茂机械制造有限公司　　所属期间：2019年12月

序 号	收入性损益科目	金额(元)
1	主营业务收入	
2	其他业务收入	
3	投资收益（收入）	
4	公允价值变动损益（收益）	
5	合　　计	

会计：李丰富　　财务主管：张　丽

凭证 85-2

费用类科目汇总表

单位：烟台兴茂机械制造有限公司　　所属期间：2019年12月

序号	费用性损益科目	金额(元)	序号	费用性损益科目	金额(元)
1	主营业务成本		6	资产减值损失	
2	税金及附加		7	信用减值损失	
3	销售费用		8	营业外支出	
4	管理费用				
5	财务费用		9	合　计	

会计：李丰富　　财务主管：张　丽

凭证 86-1

当期所得税费用计算表

单位：烟台兴茂机械制造有限公司　　　　时间：2019年12月31日

序 号	项目	金额(元)
1	**全年税前会计利润**	2 152 391.89
2	**加：纳税调整增加额**	52 587.40
3	其中：非公益性捐赠	10 000.00
4	业务招待费	3 572.00
5	交易性金融资产处置结转投资收益	31 500.00
6	固定资产减值准备	5 154.00
7	坏账准备	2 361.40
8	**减：纳税调整减少额**	43 800.00
9	其中：公允价值变动损益	15 000.00
10	根据被投资单位税后利润确定的投资收益	28 800.00
11	**应纳税所得额**	2 161 179.29
12	适用税率	25.00%
13	**应交所得税税额**	540 294.82
14	减：预缴所得税税额	145 555.56
15	减免所得税额	374 176.89
16	**本期应补（退）的所得税税额**	20 562.37

会计：李丰富　　　　财务主管：张　丽

凭证 86-2

递延所得税费用计算表

单位：烟台兴茂机械制造有限公司　　　　时间：2019年12月31日

调整事项	应纳暂时性差异(元)	可抵扣暂时性差异(元)	递延所得税资产(元)	递延所得税负债(元)
交易性金融资产	78 000.00	—	—	7 800.00
固定资产	—	5 154.00	515.40	—
应收账款	—	48 596.20	4 859.62	—
长期股权投资	19 800.00	—	—	1 980.00
本期末暂时性差异合计	97 800.00	53 750.20	—	—
本期末递延所得税资产（负债）	—	—	5 375.02	9 780.00
本期初递延所得税资产（负债）	—	—	5 000.00	9 450.00
本期应确认的递延所得税资产（负债）	—	—	375.02	330.00
递延所得税费用	—	—	45.02	

会计：李丰富　　　　财务主管：张　丽

凭证 87

所得税费用汇总表

单位：烟台兴茂机械制造有限公司　　　　所属期间：2019年12月

总分类科目	明细	借贷方向	金额(元)
所得税费用	当期所得税	借	
所得税费用	递延所得税	贷	
合　　计		借	

会计：李丰富　　　　财务主管：张　丽

凭证 88

计提盈余公积计算表

单位：烟台兴茂机械制造有限公司　　　　所属期间：2019年12月

项目	计提依据			计提率	计提金额(元)
	本年净利润(元)	以前年度未弥补亏损(元)	扣除以前年度亏损后净利润(元)		
法定盈余公积				10%	
任意盈余公积				10%	
合　　计					

会计：李丰富　　　　财务主管：张　丽

凭证 89

股利分配计算表

单位：烟台兴茂机械制造有限公司　　所属期间：2019年

项目	本年净利润	分配金额	分配率
应付股利	1 986 318.98	300 000.00	15.10%

会计：李丰富　　财务主管：张 丽

凭证 90

结转本年利润与已分配利润计算表

单位：烟台兴茂机械制造有限公司　　所属期间：2019年

项目	金额(元)	项目	金额(元)
提取法定盈余公积		本年实现净利润	
提取任意盈余公积		本年未分配利润	
应付股利		年初未分配利润	
合　计		年末未分配利润	

会计：李丰富　　财务主管：张 丽

第八篇　财务报表编制

(一) 财务报表定义及其作用

财务报表是综合反映企业一定时期财务状况和经营成果的文件，是财务会计报告的重要组成部分，是企业向外传递会计信息的主要途径。财务报表主要包括资产负债表、利润表、现金流量表、所有者权益变动表及附注。

资产负债表是反映企业在某一特定日期财务状况的财务报表。该报表能提供企业拥有或者控制的资源及其分布、财务结构、资产的变现能力、偿债能力等方面的信息。

利润表是反映企业在一定会计期间经营成果的财务报表。该报表能提供企业利润的形成渠道、企业的获利能力、成本费用的高低以及控制情况等方面的信息。

现金流量表是反映企业在一定会计期间现金和现金等价物流入和流出状况的财务报表。该报表能提供企业筹资活动、投资活动和经营活动等所产生的现金流量等方面的信息。

所有者权益变动表是反映公司构成所有者权益的各组成部分当期的增减变动情况的报表。该报表能提供所有者权益的取得渠道、结构变动及其原因等方面的信息。

财务报表附注是对财务报表中列示项目所作的进一步说明，以及对未能在报表中列示的项目的补充说明等。这些信息有助于报表使用者进一步理解和分析公司的财务状况、经营成果、现金流量以及所有者权益变动情况等信息。

编制财务报表的目的，在于提供有助于使用者进行经济决策的财务信息。公司财务报表的使用者包括现有和潜在的投资人、债权人、公司经营者、政府部门和社会公众等。财务报表的具体作用表现在以下三个方面：

(1) 有助于投资人和债权人等了解企业的财务状况与经营成果，并进行合理决策。企业现有和潜在的投资人要依据财务报表提供的信息，作出是否投资以及如何投资等决策；债权人要作出是否贷款以及贷款规模等决策；政府部门(包括财政、税务、工商及证券管理部门等)可以根据财务报表提供的信息，了解企业执行国家法律法规的情况以及是否及时足额缴纳税费等情况。

(2) 有助于公司加强和改善内部经营管理。公司管理者可以通过财务报表了解企业的财务状况和经营成果，检查企业预算和计划的执行情况，以利于加强和改善企业经营管理，合理利用资源，作出科学的经营决策。

(3) 有利于政府机构制定宏观产业政策，进行宏观调控。国家政府机构通过层层汇总的财务报表，可以掌握某一行业、地区、部门乃至全国企业的经济活动情况，进行国民经济的宏观调控，促进社会资源的合理有效配置。

(二) 资产负债表

烟台兴茂机械制造有限公司 2018 年 12 月 31 日资产负债表如表 8-1 所示。

表 8-1 资产负债表

编制单位:烟台兴茂机械制造有限公司　　2018 年 12 月 31 日　　单位:元

资　产	行次	期末余额	年初余额	负债及所有者权益	行次	期末余额	年初余额
流动资产:				流动负债:			
货币资金	1	1 912 584.83	1 025 160.50	短期借款	32	980 000.00	900 000.00
交易性金融资产	2	630 000.00	350 000.00	交易性金融负债	33	—	—
衍生金融资产	3	—	—	衍生金融负债	34	—	—
应收票据及应收账款	4	1 403 251.35	907 850.45	应付票据及应付账款	35	893 385.00	601 370.00
预付款项	5	40 505.00	40 000.00	预收款项	36	83 175.65	142 832.89
其他应收款	6	15 473.68	24 153.86	合同负债	37	—	—
存货	7	1 754 033.61	1 810 029.97	应付职工薪酬	38	120 627.26	100 120.60
合同资产	8	—	—	应交税费	39	92 476.65	72 570.87
持有待售资产	9	—	—	其他应付款	40	738 480.00	395 050.00
一年内到期的非流动资产	10	—	—	持有待售负债	41	—	—
其他流动资产	11	—	—	一年内到期的非流动负债	42	—	—
流动资产合计	12	5 755 848.47	4 157 194.78	其他流动负债	43	—	—
非流动资产:				流动负债合计	44	2 908 144.56	2 211 944.36
债权投资	13	—	—	非流动负债:			
其他债权投资	14	—	—	长期借款	45	1 080 000.00	1 800 000.00
长期应收款	15	—	—	应付债券	46	—	—
长期股权投资	16	600 000.00	600 000.00	其中:优先股	47	—	—

（续表）

资　产	行次	期末余额	年初余额	负债及所有者权益	行次	期末余额	年初余额
其他权益工具投资	17	—	—	永续债	48	—	—
其他非流动金融资产	18	—	—	长期应付款	49	—	—
投资性房地产	19	—	—	预计负债	50	—	—
固定资产	20	6 696 490.33	7 015 320.35	递延收益	51	—	—
在建工程	21	—	—	递延所得税负债	52	7 650.00	10 500.00
生产性生物资产	22	—	—	其他非流动负债	53	—	—
油气资产	23	—	—	非流动负债合计	54	1 087 650.00	1 810 500.00
无形资产	24	461 800.00	565 000.00	负债合计	55	3 995 794.56	4 022 444.36
开发支出	25	—	—	所有者权益（或股东权益）：			
商誉	26	—	—	实收资本（或股本）	56	7 850 000.00	7 850 000.00
长期待摊费用	27	—	—	其他权益工具	57	—	—
递延所得税资产	28	4 390.00	7 140.00	其中：优先股	58	—	—
其他非流动资产	29	—	—	永续债	59	—	—
非流动资产合计	30	7 762 680.33	8 187 460.35	资本公积	60	280 000.00	280 000.00
				减：库存股	61	—	—
				其他综合收益	62	—	—
				盈余公积	63	470 104.70	110 000.02
				未分配利润	64	922 629.54	82 210.75
				所有者权益（或股东权益）合计	65	9 522 734.24	8 322 210.77
资产总计	31	13 518 528.80	12 344 655.13	负债及所有者权益总计	66	13 518 528.80	12 344 655.13

单位负责人：孔祥瑞　　　　主管会计工作负责人：张丽　　　　会计机构负责人：

烟台兴茂机械制造有限公司 2019 年 11 月 30 日资产负债表如表 8-2 所示。

表 8-2 资产负债表

编制单位：烟台兴茂机械制造有限公司　　2019 年 11 月 30 日　　单位：元

资　产	行次	期末余额	年初余额	负债及所有者权益	行次	期末余额	年初余额
流动资产：				流动负债：			
货币资金	1	2 126 437.72	1 912 584.83	短期借款	35	980 000.00	980 000.00
交易性金融资产	2	994 500.00	630 000.00	交易性金融负债	36	—	—
衍生金融资产	3	—	—	衍生金融负债	37	—	—
应收票据	4	75 000.00	59 000.00	应付票据	38	140 000.00	190 000.00
应收账款	5	1 472 264.71	1 344 251.35	应付账款	39	665 875.00	703 385.00
应收款项融资	6	—	—	预收款项	40	10 683.67	83 175.65
预付款项	7	30 424.60	40 505.00	合同负债	41	—	—
其他应收款	8	20 177.68	15 473.68	应付职工薪酬	42	91 522.00	120 627.26
存货	9	2 141 253.86	1 754 033.61	应交税费	43	77 072.33	92 476.65
合同资产	10	—	—	其他应付款	44	84 375.00	738 480.00
持有待售资产	11	—	—	持有待售负债	45	—	—
一年内到期的非流动资产	12	—	—	一年内到期的非流动负债	46	—	—
其他流动资产	13	—	—	其他流动负债	47	—	—
流动资产合计	14	6 860 058.57	5 755 848.47	流动负债合计	48	2 049 528.00	2 908 144.56
非流动资产：				非流动负债：			
债权投资	15	206 000.00	—	长期借款	49	820 000.00	1 080 000.00
其他债权投资	16	—	—	应付债券	50	—	—
长期应收款	17	—	—	其中：优先股	51	—	—
长期股权投资	18	600 000.00	600 000.00	永续债	52	—	—

（续表）

资　产	行次	期末余额	年初余额	负债及所有者权益	行次	期末余额	年初余额
其他权益工具投资	19	—	—	租赁负债	53	—	—
其他非流动金融资产	20	—	—	长期应付款	54	—	—
投资性房地产	21	—	—	预计负债	55	—	—
固定资产	22	6 120 653.67	6 696 490.33	递延收益	56	—	—
在建工程	23	—	—	递延所得税负债	57	9 450.00	7 650.00
生产性生物资产	24	—	—	其他非流动负债	58	—	—
油气资产	25	—	—	非流动负债合计	59	829 450.00	1 087 650.00
使用权资产	26	—	—	负债合计	60	2 878 978.00	3 995 794.56
无形资产	27	420 000.00	461 800.00	所有者权益（或股东权益）：			
开发支出	28	—	—	实收资本（或股本）	61	7 850 000.00	7 850 000.00
商誉	29	—	—	其他权益工具	62	—	—
长期待摊费用	30	—	—	其中：优先股	63	—	—
递延所得税资产	31	5 000.00	4 390.00	永续债	64	—	—
其他非流动资产	32	—	—	资本公积	65	280 000.00	280 000.00
非流动资产合计	33	7 351 653.67	7 762 680.33	减：库存股	66	—	—
				其他综合收益	67	—	—
				专项储备	68	—	—
				盈余公积	69	470 104.70	470 104.70
				未分配利润	70	2 732 629.54	922 629.54
				所有者权益（或股东权益）合计	71	11 332 734.24	9 522 734.24
资产总计	34	14 211 712.24	13 518 528.80	负债及所有者权益总计	72	14 211 712.24	13 518 528.80

单位负责人：孔祥瑞　　　　主管会计工作负责人：张丽　　　　会计机构负责人：

资产负债表修订新增项目说明：

(1)“交易性金融资产”项目，反映资产负债表日企业分类为以公允价值计量且其变动计入当期损益的金融资产，以及企业持有的指定为以公允价值计量且其变动计入当期损益的金融资产的期末账面价值。该项目应根据“交易性金融资产”科目的相关明细科目的期末余额分析填列。自资产负债表日起超过1年到期且预期持有超过1年的以公允价值计量且其变动计入当期损益的非流动金融资产的期末账面价值，在“其他非流动金融资产”项目反映。

(2)“应收票据”项目，反映资产负债表日以摊余成本计量的、企业因销售商品、提供服务等收到的商业汇票，包括银行承兑汇票和商业承兑汇票。该项目应根据“应收票据”科目的期末余额，减去“坏账准备”科目中相关坏账准备期末余额后的金额分析填列。

(3)“应收账款”项目，反映资产负债表日以摊余成本计量的、企业因销售商品、提供服务等经营活动应收取的款项。该项目应根据“应收账款”科目的期末余额，减去“坏账准备”科目中相关坏账准备期末余额后的金额分析填列。

(4)“应收款项融资”项目，反映资产负债表日以公允价值计量且其变动计入其他综合收益的应收票据和应收账款等。

(5)“其他应收款”项目，应根据“应收利息”“应收股利”和“其他应收款”科目的期末余额合计数，减去“坏账准备”科目中相关坏账准备期末余额后的金额填列。其中的“应收利息”仅反映相关金融工具已到期可收取但于资产负债表日尚未收到的利息。基于实际利率法计提的金融工具的利息应包含在相应金融工具的账面余额中。

(6)“债权投资”项目，反映资产负债表日企业以摊余成本计量的长期债权投资的期末账面价值。该项目应根据“债权投资”科目的相关明细科目期末余额，减去“债权投资减值准备”科目中相关减值准备的期末余额后的金额分析填列。自资产负债表日起1年内到期的长期债权投资的期末账面价值，在“1年内到期的非流动资产”项目反映。企业购入的以摊余成本计量的1年内到期的债权投资的期末账面价值，在“其他流动资产”项目反映。

(7)“固定资产”项目，反映资产负债表日企业固定资产的期末账面价值和企业尚未清理完毕的固定资产清理净损益。该项目应根据“固定资产”科目的期末余额，减去“累计折旧”和“固定资产减值准备”科目的期末余额后的金额，以及“固定资产清理”科目的期末余额填列。

(8)“应付票据”项目，反映资产负债表日以摊余成本计量的、企业因购买材料、商品和接受服务等开出、承兑的商业汇票，包括银行承兑汇票和商业承兑汇票。该项目应根据“应付票据”科目的期末余额填列。

(9)“应付账款”项目，反映资产负债表日以摊余成本计量的、企业因购买材料、商品和接受服务等经营活动应支付的款项。该项目应根据“应付账款”和“预付账款”科目所属的相关明细科目的期末贷方余额合计数填列。

（10）“其他应付款”项目，应根据“应付利息”“应付股利”和“其他应付款”科目的期末余额合计数填列。其中的“应付利息”仅反映相关金融工具已到期应支付但于资产负债表日尚未支付的利息。基于实际利率法计提的金融工具的利息应包含在相应金融工具的账面余额中。

（三）利润表

（1）烟台兴茂机械制造有限公司 2018 年度利润表如表 8-3 所示。

表 8-3 利润表

单位：烟台兴茂机械制造有限公司 2018 年度 单位：元

项目	行次	金额
一、营业收入	1	10 017 530.32
减：营业成本	2	7 212 621.83
税金及附加	3	190 333.07
销售费用	4	290 508.00
管理费用	5	370 648.60
研发费用	6	—
财务费用	7	140 245.54
其中：利息费用	8	81 290.00
利息收入	9	74 284.24
资产减值损失	10	6 249.30
信用减值损失	11	2 340.70
加：其他收益	12	55 400.00
投资收益（损失以“－”号填列）	13	45 630.96
其中：对联营企业和合营企业的投资收益	14	
净敞口套期收益（损失以“－”号填列）	15	—
公允价值变动收益（损失以“－”号填列）	16	75 420.00
资产处置收益（损失以“－”号填列）	17	
二、营业利润（亏损以“－”号填列）	18	1 981 034.24
加：营业外收入	19	—
减：营业外支出	20	18 420.22
三、利润总额（亏损以“－”号填列）	21	1 962 614.02
减：所得税费用	22	162 090.53
四、净利润（净亏损以“－”号填列）	23	1 800 523.49

（续表）

项目	行次	金　额
（一）持续经营净利润（净亏损以“－”号填列）	24	1 800 523.49
（二）终止经营净利润（净亏损以“－”号填列）	25	—
五、其他综合收益的税后净额	26	—
六、综合收益总额	27	1 800 523.49
七、每股收益：	28	
（一）基本每股收益	29	—
（二）稀释每股收益	30	—

（2）烟台兴茂机械制造有限公司 2019 年 1～11 月利润表如表 8-4 所示。

表 8-4　利润表

单位：烟台兴茂机械制造有限公司　　　2019 年 11 月　　　单位：元

项　目	行次	1～11 月累计金额
一、营业收入	1	10 854 790.00
减：营业成本	2	8 063 305.67
税金及附加	3	209 184.33
销售费用	4	291 445.65
管理费用	5	389 668.47
研发费用	6	—
财务费用	7	112 993.41
其中：利息费用	8	64 390.00
利息收入	9	6 209.45
加：其他收益	10	50 458.54
投资收益（损失以“－”号填列）	11	45 302.45
其中：对联营企业和合营企业的投资收益	12	—
以摊余成本计量的金融资产终止确认收益（损失以“－”号填列）	13	—
净敞口套期收益（损失以“－”号填列）	14	—
公允价值变动收益（损失以“－”号填列）	15	84 000.00
信用减值损失（损失以“－”号填列）	16	－1 545.20
资产减值损失（损失以“－”号填列）	17	－7 397.20
资产处置收益（损失以“－”号填列）	18	—

（续表）

项　目	行次	1～11月累计金额
二、营业利润(亏损以"—"号填列)	19	1 959 011.06
加:营业外收入	20	—
减:营业外支出	21	3 455.50
三、利润总额(亏损以"—"号填列)	22	1 955 555.56
减:所得税费用	23	145 555.56
四、净利润(净亏损以"—"号填列)	24	1 810 000.00
(一)持续经营净利润(净亏损以"—"号填列)	25	1 810 000.00
(二)终止经营净利润(净亏损以"—"号填列)	26	—
五、其他综合收益的税后净额	27	—
六、综合收益总额	28	1 810 000.00
七、每股收益:	29	
(一)基本每股收益	30	—
(二)稀释每股收益	31	—

利润表修订新项目说明:

(1)"财务费用"项目下的"利息费用"项目,反映企业为筹集生产经营所需资金等而发生的应予费用化的利息支出。该项目应根据"财务费用"科目的相关明细科目的发生额分析填列。该项目作为"财务费用"项目的其中项,以正数填列。

(2)"财务费用"项目下的"利息收入"项目,反映企业按照相关会计准则确认的应冲减财务费用的利息收入。该项目应根据"财务费用"科目的相关明细科目的发生额分析填列。该项目作为"财务费用"项目的其中项,以正数填列。

(3)"信用减值损失"项目,反映企业按照《企业会计准则第22号——金融工具确认和计量》的要求计提的各项金融工具信用减值准备所确认的信用损失。该项目应根据"信用减值损失"科目的发生额分析填列。

(4)"营业外支出"项目,反映企业发生的除营业利润以外的支出,主要包括公益性捐赠支出、非常损失、盘亏损失、非流动资产毁损报废损失等。该项目应根据"营业外支出"科目的发生额分析填列。"非流动资产毁损报废损失"通常包括因自然灾害发生毁损、已丧失使用功能等原因而报废清理产生的损失。企业在不同交易中形成的非流动资产毁损报废利得和损失不得相互抵销,应分别在"营业外收入"项目和"营业外支出"项目进行填列。

(四)所有者权益变动表

烟台兴茂机械制造有限公司2018年度的所有者权益变动表如表8-5所示。

表 8-5　所有者权益变动表

编制单位：烟台兴茂机械制造有限公司　　2018 年度　　单位：元

项　目	本年金额									
	实收资本（或股本）	其他权益工具			资本公积	减：库存股	其他综合收益	专项储备	盈余公积	未分配利润	所有者权益合计
		优先股	永续债	其他							
一、上年年末余额	7 850 000.00				280 000.00				110 000.00	82 210.75	8 322 210.75
加：会计政策变更											
前期差错更正											
其他											
二、本年年初余额	7 850 000.00				280 000.00				110 000.00	82 210.75	8 322 210.75
三、本年增减变动金额(减少以“—”号填列)									360 104.70	840 418.79	1 200 523.49
（一）综合收益总额										1 800 523.49	1 800 523.49
（二）所有者投入和减少资本											
1. 所有者投入的普通股											
2. 其他权益工具持有者投入资本											
3. 股份支付计入所有者权益的金额											
4. 其他											
（三）利润分配									360 104.70	−960 104.70	−600 000.00
1. 提取盈余公积									360 104.70	−360 104.70	
2. 对所有者(或股东)的分配										−600 000.00	−600 000.00
3. 其他											
（四）所有者权益内部结转											
1. 资本公积转增资本(或股本)											
2. 盈余公积转增资本(或股本)											
3. 盈余公积弥补亏损											
4. 设定受益计划变动额结转留存收益											
5. 其他综合收益结转留存收益											
6. 其他											
四、本年年末余额	7 850 000.00				280 000.00				470 104.70	922 629.54	9 522 734.24

(五) 现金流量表

烟台兴茂机械制造有限公司 2019 年 1～11 月现金流量表及现金流量表附注如表 8-6、表 8-7 所示。

表 8-6　现金流量表

编制单位:烟台兴茂机械制造有限公司　　2019 年 11 月　　单位:元

项目	行次	1～11 月累计数
一、经营活动产生的现金流量:	1	
销售商品、提供劳务收到的现金	2	5 636 739.46
收到的税费返还	3	
收到其他与经营活动有关的现金	4	319 388.38
经营活动现金流入小计	5	5 956 127.84
购买商品、接受劳务支付的现金	6	3 527 955.52
支付给职工以及为职工支付的现金	7	1 006 742.00
支付的各项税费	8	139 184.33
支付其他与经营活动有关的现金	9	379 479.76
经营活动现金流出小计	10	5 053 361.61
经营活动产生的现金流量净额	11	902 766.23
二、投资活动产生的现金流量:	12	
收回投资收到的现金	13	
取得投资收益收到的现金	14	
处置固定资产、无形资产和其他长期资产收回的现金净额	15	15 836.66
处置子公司及其他营业单位收到的现金净额	16	
收到其他与投资活动有关的现金	17	
投资活动现金流入小计	18	15 836.66
购建固定资产、无形资产和其他长期资产支付的现金	19	120 000.00
投资支付的现金	20	300 000.00
取得子公司及其他营业单位支付的现金净额	21	
支付其他与投资活动有关的现金	22	
投资活动现金流出小计	23	420 000.00
投资活动产生的现金流量净额	24	－404 163.34
三、筹资活动产生的现金流量:	25	
吸收投资收到的现金	26	
取得借款收到的现金	27	
收到其他与筹资活动有关的现金	28	
筹资活动现金流入小计	29	
偿还债务支付的现金	30	260 000.00
分配股利、利润或偿付利息支付的现金	31	24 750.00
支付其他与筹资活动有关的现金	32	
筹资活动现金流出小计	33	284 750.00

（续表）

项目	行次	1～11 月累计数
筹资活动产生的现金流量净额	34	－284 750.00
四、汇率变动对现金及现金等价物的影响	35	
五、现金及现金等价物净增加额	36	213 852.89
加：期初现金及现金等价物余额	37	1 912 584.83
六、期末现金及现金等价物余额	38	2 126 437.72

表 8-7　现金流量表附注

补充资料	1～11 月累计数
1. 将净利润调节为经营活动现金流量：	
净利润	1 810 000.00
加：资产减值准备	8 942.4
固定资产折旧、油气资产折耗、生产性生物资产折旧	562 708.55
无形资产摊销	37 240.00
长期待摊费用摊销	
处置固定资产、无形资产和其他长期资产的损失(收益以“－”号填列)	
固定资产报废损失(收益以“－”号填列)	3 455.50
公允价值变动损失(收益以“－”号填列)	－84 000.00
财务费用(收益以“－”号填列)	102 993.41
投资损失(收益以“－”号填列)	－45 302.45
递延所得税资产减少(增加以“－”号填列)(已知)	－610.00
递延所得税负债增加(减少以“－”号填列)	1 800.00
存货的减少(增加以“－”号填列)	－387 220.25
经营性应收项目的减少(增加以“－”号填列)	－205 547.95
经营性应付项目的增加(减少以“－”号填列)	－901 692.98
其他	
经营活动产生的现金流量净额	902 766.23
2. 不涉及现金收支的重大投资和筹资活动：	
债务转为资本	
一年内到期的可转换公司债券	
融资租入固定资产	
3. 现金及现金等价物净变动情况：	
现金的期末余额	213 852.89
减：现金的期初余额	1 912 584.83
加：现金等价物的期末余额	
减：现金等价物的期初余额	
现金及现金等价物净增加额	2 126 437.72

第九篇　烟台兴茂机械制造有限公司财务报表分析

本章讲解烟台兴茂机械制造有限公司2018年的财务报表分析，要求学生掌握财务报表分析主要内容和步骤，然后使用编制的2019年财务报表数据对烟台兴茂机械制造有限公司财务报表进行分析。

(一) 财务报表分析概述

1. 财务报表分析的意义与作用

财务报表分析是以财务报表和其他资料为依据，采用专门方法，系统分析和评价企业的财务状况、经营成果和现金流量状况的过程，其目的是评价企业过去的经营业绩、衡量企业现在的财务状况、预测企业未来的发展趋势，帮助利益相关者改善经营管理或者进行科学决策。在实务中，财务分析可以发挥以下重要作用：

(1) 正确评价企业过去的经营业绩。财务人员通过对企业财务报表等资料的分析，能够较为准确地反映企业过去的业绩状况，肯定经营管理和财务运作的成绩，指出存在的问题并分析其原因。这不仅有助于正确评价企业过去的经营业绩，而且可为企业投资者和债权人的决策提供有用的信息。

(2) 分析企业当前的财务状况和经营成果，揭示财务活动存在的问题。财务报表是企业各项经营活动的综合反映，但财务报表的格式及提供的数据是根据会计的特点和管理的一般要求而设计的，它不可能全面提供不同目的的财务报表使用者所需要的数据资料。财务分析正是根据不同分析主体的分析目的，采用不同的分析手段和方法，从多个方面全面反映和评价企业的偿债能力、营运能力、盈利能力和发展能力。通过指标的计算、分析和比较，可以揭示企业经营管理各个方面存在的问题，找出差距，得出分析结论。

(3) 预测企业未来发展趋势。财务分析不仅可用于评价过去和反映现状，更重要的是它可通过对过去与现状的分析和评价，科学预测企业未来的发展状况和趋势。它既可以为企业财务预测、财务决策和财务预算指明方向，为企业进行财务危机预测提供必要的信息，又可以比较客观地评估企业的价值及价值创造。

2. 财务报表分析的内容和一般步骤

财务报表分析的内容主要包括以下四个方面：

(1) 偿债能力分析。偿债能力是指企业如期偿付债务的能力。通过对企业的财务报表等会计资料进行分析，可以了解企业资产的流动性、负债水平以及偿还债务的能力，从而评价企业的财务状况和财务风险，为管理者、投资者和债权人提供企业偿债能力的财务信息。

(2) 营运能力分析。营运能力反映了企业对资产的利用和管理能力。企业的生产经营过程就是利用资产取得收益的过程。资产是企业生产经营活动的经济资源，资产的利用和管理能力直接影响到企业的收益，它体现了企业的经营能力。对营运能力进行分析，可以了解企业资产的保值和增值情况，分析企业资产的利用效率、管理水平、资金周转状况、现金流量情况等，为评价企业的经营管理水平提供依据。

(3) 盈利能力分析。获取利润是企业的主要经营目标之一，它也反映了企业的综合素质。企业要生存和发展，必须争取获得较高的利润，这样才能在竞争中立于不败之地。投资者和债权人都十分关心企业的盈利能力，盈利能力强可以提高企业偿还债务的能力，提升企业的信誉。盈利能力分析主要通过将资产、负债、所有者权益与经营成果相结合来分析企业的各项报酬率指标，从而从不同角度判断企业的获利能力。

(4) 发展能力分析。无论是企业的管理者，还是投资者、债权人，都十分关注企业的发展能力，这关系他们的切身利益。通过对企业发展能力进行分析，投资者和债权人可以判断企业的发展潜力，预测企业的经营前景，从而为企业管理者和投资者进行经营决策和投资决策提供重要的依据，避免决策失误给其带来重大的经济损失。

(二) 偿债能力分析

偿债能力是指企业偿还到期债务(包括利息)的能力。企业偿债能力低不仅说明企业资金紧张，难以支付日常经营支出，而且说明企业资金周转不灵，难以偿还到期债务，甚至面临破产危险。由于债务按到期时间分为短期债务和长期债务，所以偿债能力分析包括短期偿债能力分析和长期偿债能力分析。

1. 短期偿债能力分析

企业短期债务一般要用流动资产来偿付，短期偿债能力是指企业流动资产对流动负债及时、足额偿还的保证程度，是衡量企业当前的财务能力，特别是流动资产变现能力的重要标志。

评价企业短期偿债能力的衡量指标主要有流动比率、速动比率和现金比率等。

1) 流动比率

流动比率是企业流动资产与流动负债的比率，它表明企业每 1 元流动负债有多少流动资产作为偿还保证，反映企业可在短期内转变为现金的流动资产偿还到期流动负债的能力。其计算公式为：

$$流动比率 = \frac{流动资产}{流动负债}$$

烟台兴茂机械制造有限公司 2018 年初与年末的流动资产分别为 4 157 194.78 元、5 755 848.47 元，流动负债分别为 2 211 944.36 元、2 908 144.56 元，则该公司流动比率为：

$$年初流动比率 = \frac{4\ 157\ 194.78}{2\ 211\ 944.36} = 1.88$$

$$年末流动比率 = \frac{5\ 755\ 848.47}{2\ 908\ 144.56} = 1.98$$

工业企业流动比率为 2 时较为合适，该公司 2018 年年初年流动比率 1.88，年末流动比率 1.98，说明与 2017 年相比，该企业 2018 年短期偿债能力变强。

2）速动比率

流动比率虽然可以用来评价流动资产总体的变现能力，但流动资产中包含像存货这类变现能力较差的资产，如能将其剔除，其所反映的短期偿债能力更加令人信服，这个指标就是速动比率。

速动比率是企业速动资产与流动负债的比率。它假设速动资产是可以用于偿债的资产，表明每 1 元流动负债有多少速动资产作为偿还保障。速动资产，是指流动资产减去变现能力较差且不稳定的存货等后的余额。由于剔除了存货等变现能力较差的资产，速动比率比流动比率能更准确、更可靠地评价企业资产的流动性及偿还短期债务的能力。其计算公式为：

$$速动比率 = \frac{速动资产}{流动负债}$$

一般情况下，速动比率越高，表明企业偿还流动负债的能力越强。一般认为速动比率为 1 较合适，速动比率过低，企业面临较高的偿债风险；但速动比率过高，会因占用现金及应收账款过多而增加企业的机会成本。

烟台兴茂机械制造有限公司 2018 年年初速动资产为 2 347 164.81 元（流动资产－存货），年末速动资产为 4 001 814.86 元。该公司的速动比率为：

$$年初速动比率 = \frac{2\ 347\ 164.81}{2\ 211\ 944.36} = 1.06$$

$$年末速动比率 = \frac{4\ 001\ 814.86}{2\ 908\ 144.56} = 1.38$$

该公司 2018 年年初速动比率不到 1，年末的速动比率比 1 高，因此其短期偿债能力在 2018 年期间由弱转强。但进一步分析可以发现，该公司的速动资产中应收账款比重较高（分别占 38.68％和 35.07％），而应收账款不一定能按时收回，所以我们还必须计算分析第三个重要比率——现金比率。

3）现金比率

现金比率是企业现金资产与流动负债的比率，它表明每 1 元流动负债由多少现金资产作为偿还保障。现金比率的计算公式为：

$$现金比率 = \frac{货币资金 + 交易性金融资产}{流动负债}$$

速动资产中，流动性最强、可直接用于偿债的资产，称为现金资产，包括货币资金、交易性金融资产等。与其他速动资产不同，现金资产可以直接用于偿还债务，而其他速动资产需要等待不确定的时间，才能转换为不确定数额的现金。一般情况下，现金资产就是速动资产扣除应收账款后的余额。速动资产扣除应收账款后计算出来的金额，最能反映企业直接偿付流动负债的能力。现金比率的数值一般认为在0.2以上为好。

该公司的现金比率为：

$$\text{年初现金比率} = \frac{1\ 025\ 160.5 + 350\ 000}{2\ 211\ 944.36} = 0.62$$

$$\text{年末现金比率} = \frac{1\ 912\ 584.83 + 630\ 000}{2\ 908\ 144.56} = 0.87$$

经比较可知，公司现金比率较高，这意味着公司流动负债未能得到合理运用，现金类资产获利能力低，这类资产金额太高会导致公司机会成本增加。

2. 长期偿债能力分析

长期偿债能力是指企业偿还非流动负债的能力，企业的非流动负债主要有长期借款、应付长期债券、长期应付款等。企业的长期债权人和所有者不仅关心企业短期偿债能力，更关心企业长期偿债能力。

评价企业长期偿债能力的指标主要有：资产负债率、股东权益比率、权益乘数、产权比率和利息保障倍数。

1）资产负债率

资产负债率是企业负债总额与资产总额的比率，也称为负债比率，它反映企业的资产总额中有多少是通过举债而得到的。其计算公式为：

$$\text{资产负债率} = \frac{\text{负债总额}}{\text{资产总额}} \times 100\%$$

资产负债率反映企业偿还债务的综合能力，这个比率越高，企业偿还债务的能力越差；反之，偿还债务的能力越强。保守的观点认为资产负债率不应高于50%，而国际上通常认为资产负债率等于60%时较为适当。

事实上，对这一比率的分析，还要看站在谁的立场上。从债权人的立场看，债务比率越低越好，企业偿债有保证，贷款不会有太大风险；从股东的立场看，在全部资本利润率高于借款利率时，负债比率越大越好，因为股东所得到的利润就会加大。从财务管理的角度看，在进行借入资本决策时，企业应当审时度势，全面考虑，充分估计预期的利润和增加的风险，权衡利害得失，作出正确的分析和决策。

该公司的资产负债率为：

$$\text{年初资产负债率} = \frac{4\ 022\ 444.36}{12\ 344\ 655.13} \times 100\% = 32.58\%$$

$$\text{年末资产负债率} = \frac{3\ 995\ 794.56}{13\ 518\ 528.8} \times 100\% = 29.56\%$$

该公司年初、年末资产负债率分别为32.58%，29.56%，远低于50%，说明该公司有强劲的偿债能力和负债经营能力。

2）股东权益比率

股东权益比率是股东权益与资产总额的比率，该比率反映企业资产中有多少是所有者投入的。其计算公式为：

$$\text{股东权益比率}=\frac{\text{股东权益总额}}{\text{资产总额}}\times 100\%$$

股东权益比率与资产负债率之和等于1。这两个比率从不同的侧面来反映企业长期财务状况，股东权益比率越大，资产负债比率就越小，企业财务风险就越小，偿还长期债务的能力就越强。

该公司的股东权益比率计算如下：

$$\text{年初股东权益比率}=\frac{8\ 322\ 210.77}{12\ 344\ 655.13}\times 100\%=67.42\%$$

$$\text{年末股东权益比率}=\frac{39\ 522\ 734.24}{13\ 518\ 528.8}\times 100\%=70.44\%$$

计算结果表明，该企业年末股东权益比率比年初高，说明企业长期偿债能力呈上升趋势。

3）权益乘数

股东权益比率的倒数，称为权益乘数，即资产总额是股东权益的多少倍。其计算公式为：

$$\text{权益乘数}=\frac{\text{资产总额}}{\text{股东权益总额}}$$

股东权益乘数越大，表明股东投入的资本在资产中所占比重越小，企业负债程度越高；反之，该比率越小，表明所有者投入企业的资本占全部资产的比重越大，企业的负债程度越低，债权人权益受保护程度也越高。

该公司的权益乘数计算如下：

$$\text{年初权益乘数}=\frac{12\ 344\ 655.13}{8\ 322\ 210.77}=1.48$$

$$\text{年末权益乘数}=\frac{13\ 518\ 528.80}{9\ 522\ 734.24}=1.42$$

计算结果表明，该公司2018年年初和年末的权益乘数都较高，说明企业的负债程度较高，长期偿债能力较强，同股东权益比率的计算结果相印证。

4）产权比率

产权比率又称资本负债率，是负债总额与所有者权益的比率，它是企业财务结构稳健与否的重要标志。它反映了企业股东权益对债权人权益的保障程度。其计算公式为：

$$\text{产权比率}=\frac{\text{负债总额}}{\text{所有者权益}}\times 100\%$$

一般来说，产权比率越低，表明企业长期偿债能力越强，债权人权益保障程度越高，债权人越有安全感；反之，比率越高，表示企业长期偿债能力越弱，债权人安全感越小。一般认为这一比率为 1∶1，即 100%以下时，企业偿债能力较好，但还应该结合企业的具体情况加以分析。当企业的资产收益率大于负债成本率时，负债经营有利于提高资金收益率，获得额外的利润，这时的产权比率可适当高些。产权比率高，是高风险、高报酬的财务结构；产权比率低，是低风险、低报酬的财务结构。

该公司的产权比率为：

$$\text{年初产权比率} = \frac{4\ 022\ 444.36}{8\ 322\ 210.77} \times 100\% = 48.33\%$$

$$\text{年末产权比率} = \frac{3\ 995\ 794.56}{9\ 522\ 734.24} \times 100\% = 41.96\%$$

由计算结果可知，该公司年初与年末的产权比率均低于 100%，表明该公司偿债能力较好，年末产权比率低于年初产权比率，该公司偿债能力继续增强。

（三）营运能力分析

营运能力是指企业对资产利用的能力，即资产运用效率的分析，通常用各种资产的周转速度表示。一般而言，资产周转速度越快，说明企业的资产管理水平越高，资产利用效率越高。资产运用效率标志着资产的运行状态及其管理效果的好坏，这将对企业的偿债能力和获利能力产生重要影响。因此，股东、债权人和经营者都十分注重企业营运能力的分析。

评价企业营运能力分析主要包括：流动资产周转情况、固定资产周转率和总资产周转率三个方面。

1. 流动资产周转情况

反映流动资产周转情况的指标主要有应收账款周转率、存货周转率和流动资产周转率。

1）应收账款周转率

应收账款在流动资产中有着举足轻重的地位，及时收回应收账款，不仅增强了企业的短期偿债能力，也反映出企业管理应收账款的效率。

应收账款周转率（次数）是指一定时期内应收账款平均收回的次数，是一定时期内商品或产品销售收入净额与应收账款平均余额的比值。其计算公式为：

$$\text{应收账款周转率（周转次数）} = \frac{\text{营业收入}}{\text{平均应收账款余额}}$$

$$\text{应收账款周转期（周转天数）} = \frac{\text{平均应收账款余额} \times 360}{\text{营业收入}} = \frac{360}{\text{应收账款周转率}}$$

$$\text{平均应收账款余额} = \frac{\text{应收账款余额年初数} + \text{应收账款余额年末数}}{2}$$

公式中的应收账款包括会计报表中“应收账款”“应收票据”以及“预付账款”贷方余额

等全部赊销账款在内，且其金额应为扣除坏账准备后的金额。

应收账款周转率反映了企业应收账款周转速度的快慢及企业对应收账款管理效率的高低。在一定时期内周转次数多，周转天数少表明：

(1) 企业收账迅速，信用销售管理严格。

(2) 应收账款流动性强，从而增强企业短期偿债能力。

(3) 可以减少收账费用和坏账损失，相对增加企业流动资产的投资收益。

(4) 比较应收账款周转天数，可评价客户的信用程度，调整企业信用政策。

烟台兴茂机械制造有限公司 2018 年营业收入为 10 017 530.32 元，2018 年初应收账款为 831 530.32 元，2018 年末应收账款为 1 052 773 元。

该公司应收账款周转率指标计算如下：

$$\text{应收账款周转率(次数)}=\frac{10\ 017\ 530.32}{(3\ 831\ 530.32+1\ 052\ 733)\div 2}=10.63(\text{次})$$

$$\text{应收账款周转期(天数)}=\frac{360}{10.63}=33.86(\text{天})$$

在评价应收账款周转率指标时，应将计算出的指标与该企业前期、与行业平均水平或其他类似企业相比较来判断该指标的高低。

2) 存货周转率

在流动资产中，存货所占比重较大，存货的流动性将直接影响企业的流动比率。因此，必须特别重视对存货的分析。存货流动性的分析一般通过计算存货周转率来进行。

存货周转率(次数)是指一定时期内企业销售成本与存货平均资金占用额的比率，是衡量和评价企业购入存货、投入生产、销售收回等各环节管理效率的综合性指标。其计算公式为：

$$\text{存货周转率(周转次数)}=\frac{\text{营业成本}}{\text{平均存货余额}}$$

$$\text{存货周转期(周转天数)}=\frac{\text{平均存货余额}\times 360}{\text{营业收入}}=\frac{360}{\text{存货周转率}}$$

$$\text{平均存货余额}=\frac{\text{存货余额年初数}+\text{存货余额年末数}}{2}$$

该公司 2018 年度销售成本为 7 212 621.83 万元，期初存货 1 810 029.97 元，期末存货 1 754 033.61 元，该公司存货周转率指标为：

$$\text{存货周转率(次数)}=\frac{7\ 212\ 621.83}{(1\ 810\ 029.97+1\ 754\ 033.61)\div 2}=4.05(\text{次})$$

$$\text{存货周转期(天数)}=\frac{360}{4.05}=88.89(\text{天})$$

公司存货周转次数低，周转期长，应找到存货管理中存在的问题，尽可能降低存货的资金占用水平。采取措施提高存货周转速度，增强获利能力。

3）流动资产周转率

流动资产周转率是反映企业流动资产周转速度的指标。流动资产周转率(次数)是一定时期销售收入净额与企业流动资产平均占用额之间的比率。其计算公式为：

$$流动资产周转率(周转次数)=\frac{营业收入}{平均流动资产总额}$$

$$流动资产周转期(周转天数)=\frac{平均流动资产总额\times 360}{营业收入}=\frac{360}{流动资产周转率}$$

$$平均流动资产余额=\frac{流动资产总额年初数+流动资产总额年末数}{2}$$

在一定时期内，流动资产周转次数越多，表明以相同的流动资产完成的周转额越多，流动资产利用效果越好。流动资产周转天数越少，表明流动资产在经历生产销售各阶段所占用的时间越短，可相对节约流动资产，增强企业盈利能力。

该公司 2018 年销售收入净额 10 017 530.32 元，2018 年流动资产期初数为 4 157 194.78 元，期末数为 5 755 848.47 元，则该公司 2018 年流动资产周转指标计算如下：

$$流动资产周转率(次数)=\frac{10\ 017\ 530.32}{(4\ 157\ 194.78+5\ 755\ 848.47)\div 2}=2.02(次)$$

$$流动资产周转期(天数)=\frac{360}{2.02}=178.12\ 天)$$

该公司流动资产率较低，表明公司对流动资产的利用率低，流动资产占用时间长，相对减弱了企业的盈利能力。

2. 固定资产周转率

固定资产周转率是指企业年销售收入净额与固定资产平均净额的比率。它是反映企业固定资产周转情况，从而衡量固定资产利用效率的一项指标。其计算公式为：

$$固定资产周转率(次数)=\frac{营业收入}{平均固定资产净值}$$

$$固定资产周转期(天数)=\frac{平均固定资产净值\times 360}{营业收入}=\frac{360}{固定资产周转率}$$

$$平均固定资产净值=\frac{固定资产净值年初数+固定资产净值年末数}{2}$$

固定资产周转率高，说明企业固定资产投资得当，结构合理，利用效率高；反之，如果固定资产周转率低，则表明固定资产利用效率不高，提供的生产成果不多，企业的营运能力不强。

该公司 2018 年固定资产周转率计算如下：

$$固定资产周转率(次数)=\frac{10\ 017\ 530.32}{(7\ 015\ 320.35+6\ 696\ 490.33)\div 2}=1.46(次)$$

$$固定资产周转期(天数)=\frac{360}{1.46}=246.58(天)$$

计算结果表明，2018 年固定资产周转率为 1.46 次，说明该公司固定资产周转速度慢，其主要原因在于固定资产中建筑物占比较高，而建筑物没有在 2018 年给公司带来明显收益，导致该指标较低。

3. 总资产周转率

总资产周转率是企业销售收入净额与企业资产平均总额的比率。计算公式为：

$$总资产周转率(次数) = \frac{营业收入}{平均资产总额}$$

$$总资产周转期(天数) = \frac{平均资产总额 \times 360}{营业收入} = \frac{360}{总资产周转率}$$

$$平均资产总额 = \frac{资产总额年初数 + 资产总额年末数}{2}$$

计算总资产周转率时分子分母在时间上应保持一致。

总资产周转率越高，表明企业全部资产的使用效率越高；反之，如果该比率较低，说明企业全部资产营运效率较差，最终会影响企业的盈利能力。企业应采取各种措施，如可采用薄利多销或处理多余资产等方法，提高企业的资产利用程度，加速资产周转，提高运营效率。

该公司 2018 年总资产周转率计算如下：

$$总资产周转率(次数) = \frac{10\ 017\ 530.32}{(12\ 344\ 655.13 + 13\ 518\ 528.80) \div 2} = 0.77(次)$$

$$总资产周转期(天数) = \frac{360}{0.77} = 467.53(天)$$

计算结果表明，该公司 2018 年总资产周转率较慢，这与前面计算分析固定资产周转速度减慢结论一致，该公司可考虑适当处理闲置资产，以提高资产使用效率。

(四) 盈利能力分析

盈利能力是指企业一定时期内运用各种资源赚取利润的能力。获取利润是企业经营的最终目标，也是企业能否生存和发展的前提。获利能力的大小直接关系到企业财务管理目标的实现与否，直接关系到投资者的利益，也关系到债权人以及企业经营者的切身利益。

评价企业盈利能力的指标主要有营业利润率、成本费用利润率、总资产报酬率、股东权益报酬率、每股收益、每股股利、每股净资产、市盈率和市净率等。

1. 营业利润率

营业利润率是企业一定时期营业利润与营业收入的比率。其计算公式为：

$$营业利润率 = \frac{营业利润}{营业收入} \times 100\%$$

营业利润率越高，表明企业的市场竞争力越强，发展潜力越大，从而获利能力越强。

需要说明的是，从利润表来看，利润可以分为三个层次，即营业利润、利润总额和净利润。因此，在实务中，也经常使用营业净利率、营业毛利率等指标来分析企业的获利能力。

公司 2018 年度的营业利润率、营业净利率、营业毛利率计算如下：

$$营业利润率=\frac{1\,981\,034.24}{10\,017\,530.32}\times 100\%=19.78\%$$

$$营业净利率=\frac{1\,800\,523.49}{10\,017\,530.32}\times 100\%=17.97\%$$

$$营业毛利率=\frac{10\,017\,530.32-7\,212\,621.83}{10\,017\,530.32}\times 100\%=28.00\%$$

计算结果可以看出，2018 年各项利润率指标均较好，说明企业盈利能力较好。利润率指标可以不同年份纵向比较，也可以不同企业之间横向比较，发现问题，查出问题的原因，从而调整提高。

应当指出的是，营业净利率指被广泛应用。它表明每 1 元营业收入与其成本费用之间可以"挤"出来的净利润。该比率越大，说明企业盈利能力越强。

2. 成本费用利润率

成本费用利润率是指企业一定时期利润总额与成本费用总额的比率，反映了企业所得与所耗的关系。其计算公式如下：

$$成本费用利润率=\frac{利润总额}{成本费用总额}\times 100\%$$

式中：成本费用总额＝营业成本＋税金及附加＋销售费用＋管理费用＋财务费用

成本费用利润率越高，表明企业为取得利润而付出的代价越小，成本费用控制得越好，获利能力越强。

计算该公司 2018 年度成本费用利润率如下：

$$成本费用率=\frac{1\,962\,614.02}{7\,212\,621.83+190\,333.07+290\,508+370\,648.60+140\,245.54}\times 100\%=23.92\%$$

计算结果可以看出，该公司 2018 年成本费用利润率指标较好，进一步验证了前面利润率指标所得出的结论。公司可以进一步纵向分析不同年份成本费用率发展趋势，分析影响成本费用率的因素，采取有效措施，降低成本，提高盈利能力。

3. 总资产报酬率

总资产报酬率是企业息税前利润与企业平均资产总额的比率。由于资产总额等于债权人权益和所有者权益的总额，所以该比率既可以衡量企业资产综合利用的效果，又可以反映企业利用债权人及所有者提供资本的盈利能力和增值能力。其计算公式为：

$$总资产报酬率=\frac{息税前利润}{平均资产总额}\times 100\%=\frac{净利润+所得税+利息费用}{(期初资产+期末资产)\div 2}\times 100\%$$

该指标越高，表明资产利用效率越高，说明企业在增加收入、节约资金使用等方面取得了良好的效果；该指标越低，说明企业资产利用效率低，应分析差异原因，提高销售利润率，加速资金周转，提高企业经营管理水平。

公司 2018 年净利润为 1 800 523.49 元，所得税为 162 090.53 元，利息费用为 140 245.54 元。期初资产总额为 12 344 655.13 元，期末资产总额为 13 518 528.80 元。公司 2018 年总资产报酬率计算如下：

$$\text{总资产报酬率} = \frac{1\ 800\ 523.49 + 162\ 090.53 + 140\ 245.54}{(12\ 344\ 655.13 + 13\ 518\ 528.80) \div 2} \times 100\% = 16.26\%$$

总资产报酬率需要公司近几年指标纵向比较，判断资产盈利能力，结合成本效益指标一起分析，以改进管理，提高资产利用效率和企业经营管理水平，增强盈利能力。

4. 股东权益报酬率

股东权益报酬率又称净资产收益率，是一定时期企业的净利润与平均股东权益总额的比率。它反映投入资本资金的收益水平，是企业获利能力的核心。其计算公式为：

$$\text{股东权益报酬率} = \frac{\text{净利润}}{\text{平均所有者权益}} \times 100\%$$

计算该公司 2018 年股东权益报酬率：

$$\text{股东权益报酬率} = \frac{1\ 800\ 523.49}{(8\ 322\ 210.77 + 9\ 522\ 734.24) \div 2} \times 100\% = 20.18\%$$

5. 每股收益

每股收益也称每股利润或每股盈余，是公司普通股每股所获得的净利润。它是反映公司普通股股东持有每一股份所能享有公司利润或承担公司亏损的业绩评价指标。其计算公式为：

$$\text{每股收益} = \frac{\text{归属于普通股股东的当期净利润}}{\text{发行在外的普通股加权平均数}}$$

每股收益越高，说明每股获利能力越强，投资者的回报越多；每股收益越低，说明每股获利能力越弱。该指标是衡量上市公司盈利能力时最常用的财务指标。

烟台兴茂机械制造有限公司 2018 净利润为 1 800 523.49 元，若该公司为股份有限公司，该公司全年平均股数 1 962 500 股。该公司 2018 年每股收益为：

$$\text{每股收益} = \frac{1\ 800\ 523.49}{1\ 962\ 500} = 0.92(\text{元})$$

计算结果表明，该公司 2018 年普通股每股收益是 0.92 元。

6. 每股股利

每股股利是上市公司本年发放的普通股股利总额与年末普通股股份总数的比值，它反映了普通股每股分得的现金股利的多少。其计算公式为：

$$\text{每股股利} = \frac{\text{普通股股利总额}}{\text{年末普通股股数}}$$

每股股利越大，则企业股本获利能力就越强；每股股利越小，则企业股本获利能力就越弱。如果企业为了增强企业发展后劲增加企业的公积金，则当前的每股股利必然会减少；反之，则当前的每股股利会增加。

若 2018 年该公司宣布发放股利 600 000 元，年末普通股股数为 1 962 500 股，计算 2018 年每股股利：

$$每股股利=\frac{600\ 000}{1\ 962\ 500}=0.31(元)$$

7. 每股净资产

每股净资产，又称每股账面价值，是指企业净资产与发行在外的普通股股数之间的比率。用公式表示为：

$$每股净资产=\frac{股东权益总额}{发行在外的普通股股数}$$

每股净资产显示了发行在外的每一普通股股份所能分配的企业账面净资产的价值。这里所说的账面净资产是指企业账面上的总资产减去负债后的余额，即股东权益总额。每股净资产指标反映了在会计期末每一股份在企业账面上到底值多少钱，它与股票面值、发行价值、市场价值乃至清算价值等往往有较大差距。

计算该公司 2018 年每股净资产为：

$$每股净资产=\frac{9\ 522\ 734.24}{1\ 962\ 500}=4.85(元)$$

利用该指标进行横向和纵向对比，可以衡量公司股票的投资价值。如在企业性质相同、股票市价相近的条件下，某一企业股票的每股净资产越高，则企业发展潜力与其股票的投资价值越大，投资者所承担的投资风险越小。

(五) 发展能力分析

发展能力是指企业未来生产经营活动的发展趋势和发展潜能。企业发展能力主要通过自身的生产经营活动，不断地增长销售收入、不断地增加资金投入和不断地创造利润形成的。

评价发展能力的指标主要有营业增长率、利润增长率、总资产增长率、资本积累率等。

1. 营业增长率

营业增长率是企业本年营业收入增长额与上年营业收入总额的比率。它反映企业营业收入的增减变动情况，是评价企业成长状况和发展能力的重要指标。其计算公式为：

$$营业增长率=\frac{本年营业收入增长额}{上年营业收入总额}\times 100\%$$

$$本年营业收入增长额=本年营业收入总额-上年营业收入总额$$

实务中，也可以使用销售增长率来分析企业经营业务收入的增减情况。其计算公式为：

$$销售增长率=\frac{本年销售收入增长额}{上年销售收入总额}\times 100\%$$

公司 2017 年销售收入为 9 135 952.45 元，2018 年销售收入为 10 017 520.32 元，计算该公司 2018 年度的营业增长率为：

$$营业增长率=\frac{10\ 017\ 520.32-9\ 135\ 952.45}{9\ 135\ 952.45}\times 100\%=9.65\%$$

营业增长率是衡量企业经营成果和市场占有能力、预测企业经营业务拓展趋势的重要标志。利用该指标分析企业发展能力时应注意：

(1) 该指标反映的是相对化的销售收入增长情况，与绝对量的销售增长额相比，消除了企业规模的影响，更能反映企业的发展情况。

(2) 该指标大于 0，表示企业本年的销售收入有所增长，指标值越高，表明增长速度越快。

(3) 在实际分析时应结合企业历年的销售水平、企业市场占有情况、行业未来发展及其他影响企业发展的潜在因素进行潜在性预测；或结合企业前三年的销售收入增长率作出趋势性分析判断。

(4) 分析中可以其他类似企业、企业历史水平及行业平均水平作为比较标准。

(5) 指标值受增长基数影响，因此分析中还要使用增长额和三年销售收入平均增长率等指标进行综合判断。

2. 利润增长率

利润增长率是指企业本年利润总额增长额与上年利润总额的比率，它反映企业本期利润的增长情况。其计算公式为：

$$利润增长率=\frac{本年利润总额增长额}{上年利润总额}\times 100\%$$

式中：本年利润总额增长额＝本年利润总额－上年利润总额利润增长率反映了企业盈利能力的变化，该比率越高，说明企业的成长性越好，发展能力越强。

公司 2017 年利润总额为 1 525 153.47 元，2018 年利润总额为 1 962 614.02 元。计算该公司 2018 年度的利润增长率为：

$$利润增长率=\frac{1\ 962\ 614.02-1\ 525\ 153.47}{1\ 525\ 153.47}\times 100\%=28.68\%$$

3. 总资产增长率

总资产增长率是指企业本年总资产增长额与年初资产总额的比率，它反映企业本期资产规模的增长情况。其计算公式为：

$$总资产增长率=\frac{本年总资产增长额}{年初资产总额}\times 100\%$$

式中：本年总资产增长额＝年末资产总额－年初资产总额总资产增长率是从企业资

产规模扩张方面来衡量企业的发展能力，表明企业规模增长水平对企业发展后劲的影响。该指标越高，表明企业一定时期内资产经营规模扩张的速度越快。但在实际分析时，应注意考虑资产规模扩张的质和量的关系，以及企业的后续发展能力，避免资产盲目扩张。

公司 2018 年年初资产总额为 12 344 655.13 元，2018 年年末资产总额为 13 518 528.80 元，则公司 2018 年总资产增长率指标计算如下：

计算该公司 2018 年度的总资产增长率为：

$$总资产增长率=\frac{13\ 518\ 528.80-12\ 344\ 655.13}{12\ 344\ 655.13}\times 100\%=9.51\%$$

4. 资本积累率

资本积累率是企业本年所有者权益增长额与年初所有者权益的比率。它反映企业当年资本的积累能力，是评价企业发展潜力的一项重要指标。其计算公式为：

$$资本积累率=\frac{本年所有者权益增长额}{年初所有者权益}\times 100\%$$

式中：本年所有者权益增长额＝年末所有者权益－年初所有者权益

公司 2018 年年初所有者权益为 8 322 210.77 元，2018 年年末所有者权益为 9 522 734.24 元，则公司 2018 年资本积累率指标计算如下：

$$资本积累率=\frac{9\ 522\ 734.24-8\ 322\ 210.77}{8\ 322\ 210.77}\times 100\%=14.43\%$$

资本积累率是企业当年所有者权益总额的增长率，反映了企业所有者权益在当年的变动水平，该公司 2018 年资本积累率 14.43%，表明企业资本持续积累，这是企业发展强盛的标志，也是企业扩大再生产的源泉，展示了企业有较强的发展潜力，同时，资本积累率反映投资者投入企业资本的保全性和增长性。

上述四项财务比率分别从不同的角度反映了企业的发展能力。需要说明的是，在分析企业的发展能力时，仅用一年的财务比率是不能正确评价企业发展能力的，而应当计算连续若干年的财务比率，这样才能正确地评价企业发展能力的持续性。

部分实验耗材示例

收 款 凭 证

总 号	
分 号	

借方科目 .... 年 月 日 附件 张

摘 要	应 贷 科 目		过账	金 额										
	一级科目	二级及明细科目		亿	千	百	十	万	千	百	十	元	角	分
	合 计													

财会主管 记账 出纳 复核 制单

收 款 凭 证

总 号	
分 号	

借方科目 .... 年 月 日 附件 张

摘 要	应 贷 科 目		过账	金 额										
	一级科目	二级及明细科目		亿	千	百	十	万	千	百	十	元	角	分
	合 计													

财会主管 记账 出纳 复核 制单

付　款　凭　证

总　号	
分　号	

贷方科目…………　　　　年　　月　　日　　　　附件　　　　张

摘　　要	应　借　科　目		过账	金　额										
	一级科目	二级及明细科目		亿	千	百	十	万	千	百	十	元	角	分
合　计														

财会主管　　　记账　　　出纳　　　复核　　　制单　　　领款人签章

付　款　凭　证

总　号	
分　号	

贷方科目…………　　　　年　　月　　日　　　　附件　　　　张

摘　　要	应　借　科　目		过账	金　额										
	一级科目	二级及明细科目		亿	千	百	十	万	千	百	十	元	角	分
合　计														

财会主管　　　记账　　　出纳　　　复核　　　制单　　　领款人签章

转　账　凭　证

总　号	
分　号	

年　　月　　日　　　　　　附件　　　　张

摘　要	一级科目	二级明细科目	过账	借方金额										贷方金额									
				千	百	十	万	千	百	十	元	角	分	千	百	十	万	千	百	十	元	角	分
合　计																							

财会主管　　　　　　复核　　　　　　记账　　　　　　制单

转　账　凭　证

总　号	
分　号	

年　　月　　日　　　　　　附件　　　　张

摘　要	一级科目	二级明细科目	过账	借方金额										贷方金额									
				千	百	十	万	千	百	十	元	角	分	千	百	十	万	千	百	十	元	角	分
合　计																							

财会主管　　　　　　复核　　　　　　记账　　　　　　制单

总 分 类 账

会计科目……………………

年		凭证		摘要	对方科目	页数	借方金额											贷方金额											借或贷	余额										
月	日	种类	号数				亿	千	百	十	万	千	百	十	元	角	分	亿	千	百	十	万	千	百	十	元	角	分		亿	千	百	十	万	千	百	十	元	角	分

库存现金日记账

年		凭证		摘要	对方科目	✓	借方金额										贷方金额										结余金额									
月	日	种类	号数				千	百	十	万	千	百	十	元	角	分	千	百	十	万	千	百	十	元	角	分	千	百	十	万	千	百	十	元	角	分

银行存款日记账

年		凭证		支票号码	摘要	对方科目	✓	收入（借方）金额											付出（贷方）金额											结余金额										
月	日	种类	号数					亿	千	百	十	万	千	百	十	元	角	分	亿	千	百	十	万	千	百	十	元	角	分	亿	千	百	十	万	千	百	十	元	角	分

三栏式明细分类账

二级科目编号及名称…………　　　　总第……页　分第……页

年		凭证		摘要	对方科目	页数	借方金额											✓	贷方金额											✓	借或贷	余额											✓
月	日	种类	号数				亿	千	百	十	万	千	百	十	元	角	分		亿	千	百	十	万	千	百	十	元	角	分			亿	千	百	十	万	千	百	十	元	角	分	

材料采购明细账

总第______页 分第______页

____级科目编号及名称________

年		凭证		摘要	材料名称及规格	计量单位	数量	发票金额										运杂费																				转出										余额									
月	日	种类	号数					千	百	十	万	千	百	十	元	角	分	千	百	十	万	千	百	十	元	角	分	千	百	十	万	千	百	十	元	角	分	千	百	十	万	千	百	十	元	角	分	千	百	十	万	千	百	十	元	角	分

数量金额式明细分类账

总页　　　　分页

存储地点　　　　最高存量　　　　最低存量　　　　计量单位　　　　货名

年		凭证		摘要	收入(借方)												发出(贷方)												结存											
					数量	单价	金额										数量	单价	金额										数量	单价	金额									
月	日	种类	号数				千	百	十	万	千	百	十	元	角	分			千	百	十	万	千	百	十	元	角	分			千	百	十	万	千	百	十	元	角	分

多栏式明细账

级科目

级科目

年		凭证		摘要								
月	日	种类	号数		百十万千百十元角分	百十万千百十元角分	百十万千百十元角分	百十万千百十元角分	百十万千百十元角分	百十万千百十元角分	百十万千百十元角分	百十万千百十元角分

应交增值税

年		凭证号数	摘要	借方																																												
				进项税额									已交税费									销项税额抵减									减免税款									出口抵减内销产品应纳税额								
月	日			百	十	万	千	百	十	元	角	分	百	十	万	千	百	十	元	角	分	百	十	万	千	百	十	元	角	分	百	十	万	千	百	十	元	角	分	百	十	万	千	百	十	元	角	分

注：本页为应交增值税明细账左半页

明 细 账

借方		贷方					方向	余额
转出未交增值税	合计	销项税额	进项税额转出	出口退税	转出多交增值税	合计		
百十万千百十元角分	百十万千百十元角分	百十万千百十元角分	百十万千百十元角分	百十万千百十元角分	百十万千百十元角分	百十万千百十元角分		百十万千百十元角分

编号：		附件共　　张
记账凭证	收款	第　　号至　　号共　　张
	付款	第　　号至　　号共　　张
	转账	第　　号至　　号共　　张

科 目 汇 总 表

年　　月　　日至　　月　　日

会计科目	本期发生额汇总																			
	借方										贷方									
	千	百	十	万	千	百	十	元	角	分	千	百	十	万	千	百	十	元	角	分

会计科目	本期发生额汇总																			
	借方										贷方									
	千	百	十	万	千	百	十	元	角	分	千	百	十	万	千	百	十	元	角	分

财会主管　　　　记账　　　　复核　　　　制表

资产负债表

编制单位：　　　　　　　　　　年　　月　　日　　　　　　　　　单位：元

资产	行次	期末余额	年初余额	负债及所有者权益	行次	期末余额	年初余额
流动资产：				流动负债：			
货币资金	1			短期借款	35		
交易性金融资产	2			交易性金融负债	36		
衍生金融资产	3			衍生金融负债	37		
应收票据	4			应付票据	38		
应收账款	5			应付账款	39		
应收款项融资	6			预收款项	40		
预付款项	7			合同负债	41		
其他应收款	8			应付职工薪酬	42		
存货	9			应交税费	43		
合同资产	10			其他应付款	44		
持有待售资产	11			持有待售负债	45		
一年内到期的非流动资产	12			一年内到期的非流动负债	46		
其他流动资产	13			其他流动负债	47		
流动资产合计	14			流动负债合计	48		
非流动资产：				非流动负债：			
债权投资	15			长期借款	49		
其他债权投资	16			应付债券	50		
长期应收款	17			其中：优先股	51		
长期股权投资	18			永续债	52		
其他权益工具投资	19			租赁负债	53		
其他非流动金融资产	20			长期应付款	54		
投资性房地产	21			预计负债	55		
固定资产	22			递延收益	56		
在建工程	23			递延所得税负债	57		
生产性生物资产	24			其他非流动负债	58		
油气资产	25			非流动负债合计	59		
使用权资产	26			负债合计	60		
无形资产	27			所有者权益(或股东权益)：			
开发支出	28			实收资本(或股本)	61		
商誉	29			其他权益工具	62		
长期待摊费用	30			其中：优先股	63		
递延所得税资产	31			永续债	64		
其他非流动资产	32			资本公积	65		
非流动资产合计	33			减：库存股	66		
				其他综合收益	67		
				专项储备	68		
				盈余公积	69		
				未分配利润	70		
				所有者权益(或股东权益)合计	71		
资产总计	34			负债及所有者权益总计	72		

单位负责人：　　　　　　　　主管会计工作负责人：　　　　　　　　会计机构负责人：

利　润　表

编制单位：　　　　　　　　　　　　____年____月　　　　　　　　　　　　单位：元

项　　目	行次	本月金额	本年累计金额
一、营业收入	1		
减：营业成本	2		
税金及附加	3		
销售费用	4		
管理费用	5		
研发费用	6		
财务费用	7		
其中：利息费用	8		
利息收入	9		
加：其他收益	10		
投资收益(损失以"－"号填列)	11		
其中：对联营企业和合营企业的投资收益	12		
以摊余成本计量的金融资产终止确认收益(损失以"－"号填列)	13		
净敞口套期收益(损失以"－"号填列)	14		
公允价值变动收益(损失以"－"号填列)	15		
信用减值损失(损失以"－"号填列)	16		
资产减值损失(损失以"－"号填列)	17		
资产处置收益(损失以"－"号填列)	18		
二、营业利润(亏损以"－"号填列)	19		
加：营业外收入	20		
减：营业外支出	21		
三、利润总额(亏损以"－"号填列)	22		
减：所得税费用	23		
四、净利润(净亏损以"－"号填列)	24		
(一) 持续经营净利润(净亏损以"－"号填列)	25		
(二) 终止经营净利润(净亏损以"－"号填列)	26		
五、其他综合收益的税后净额	27		
六、综合收益总额	28		
七、每股收益：	29		
(一) 基本每股收益	30		
(二) 稀释每股收益	31		

现 金 流 量 表

编制单位：　　　　　　　　　　年　　月　　　　　　　　　　单位：元

项　　目	行次	本月金额	本年累计金额
一、经营活动产生的现金流量：	1		
销售商品、提供劳务收到的现金	2		
收到的税费返还	3		
收到其他与经营活动有关的现金	4		
经营活动现金流入小计	5		
购买商品、接受劳务支付的现金	6		
支付给职工以及为职工支付的现金	7		
支付的各项税费	8		
支付其他与经营活动有关的现金	9		
经营活动现金流出小计	10		
经营活动产生的现金流量净额	11		
二、投资活动产生的现金流量：	12		
收回投资收到的现金	13		
取得投资收益收到的现金	14		
处置固定资产、无形资产和其他长期资产收回的现金净额	15		
处置子公司及其他营业单位收到的现金净额	16		
收到其他与投资活动有关的现金	17		
投资活动现金流入小计	18		
购建固定资产、无形资产和其他长期资产支付的现金	19		
投资支付的现金	20		
取得子公司及其他营业单位支付的现金净额	21		
支付其他与投资活动有关的现金	22		
投资活动现金流出小计	23		
投资活动产生的现金流量净额	24		
三、筹资活动产生的现金流量：	25		
吸收投资收到的现金	26		
取得借款收到的现金	27		
收到其他与筹资活动有关的现金	28		
筹资活动现金流入小计	29		
偿还债务支付的现金	30		
分配股利、利润或偿付利息支付的现金	31		
支付其他与筹资活动有关的现金	32		
筹资活动现金流出小计	33		
筹资活动产生的现金流量净额	34		
四、汇率变动对现金及现金等价物的影响	35		
五、现金及现金等价物净增加额	36		
加：期初现金及现金等价物余额	37		
六、期末现金及现金等价物余额	38		

现金流量表（补充资料）

编制单位：__________ ____年____月 单位：元

补充资料	本期金额
1. 将净利润调节为经营活动现金流量：	
净利润	
加：资产减值准备	
固定资产折旧、油气资产折耗、生产性生物资产折旧	
无形资产摊销	
长期待摊费用摊销	
处置固定资产、无形资产和其他长期资产的损失（收益以“－”号填列）	
固定资产报废损失（收益以“－”号填列）	
公允价值变动损失（收益以“－”号填列）	
财务费用（收益以“－”号填列）	
投资损失（收益以“－”号填列）	
递延所得税资产减少（增加以“－”号填列）（已知）	
递延所得税负债增加（减少以“－”号填列）	
存货的减少（增加以“－”号填列）	
经营性应收项目的减少（增加以“－”号填列）	
经营性应付项目的增加（减少以“－”号填列）	
其他	
经营活动产生的现金流量净额	
2. 不涉及现金收支的重大投资和筹资活动：	
债务转为资本	
一年内到期的可转换公司债券	
融资租入固定资产	
3. 现金及现金等价物净变动情况：	
现金的期末余额	
减：现金的期初余额	
加：现金等价物的期末余额	
减：现金等价物的期初余额	
现金及现金等价物净增加额	

所有者权益变动表

编制单位：＿＿＿＿＿＿　　　　＿＿＿＿年度　　　　单位：元

项目	本年金额												上年金额											
	实收资本（或股本）	其他权益工具			本公积	减：库存股	其他综合收益	专项储备	盈余公积	未分配利润	所有者权益合计		实收资本（或股本）	其他权益工具			本公积	减：库存股	其他综合收益	专项储备	盈余公积	未分配利润	所有者权益合计	
		优先股	永续债	其他										优先股	永续债	其他								
一、上年年末余额																								
加：会计政策变更																								
前期差错更正																								
其他																								
二、本年年初余额																								
三、本年增减变动金额（减少以“—”号填列）																								
（一）综合收益总额																								
（二）所有者投入和减少资本																								
1. 所有者投入的普通股																								
2. 其他权益工具持有者投入资本																								
3. 股份支付计入所有者权益的金额																								
4. 其他																								
（三）利润分配																								
1. 提取盈余公积																								
2. 对所有者（或股东）的分配																								
3. 其他																								
（四）所有者权益内部结转																								
1. 资本公积转增资本（或股本）																								
2. 盈余公积转增资本（或股本）																								
3. 盈余公积弥补亏损																								
4. 设定受益计划变动额结转留存收益																								
5. 其他综合收益结转留存收益																								
6. 其他																								
四、本年年末余额																								

财务指标分析

单位：

<table>
<tr><th colspan="2">指标分类</th><th>指标名称</th><th>指标计算</th><th>指标分析</th></tr>
<tr><td rowspan="7">偿债能力分析</td><td rowspan="3">短期偿债能力</td><td>流动比率</td><td></td><td rowspan="3"></td></tr>
<tr><td>速动比率</td><td></td></tr>
<tr><td>现金比率</td><td></td></tr>
<tr><td rowspan="4">长期偿债能力</td><td>资产负债率</td><td></td><td rowspan="4"></td></tr>
<tr><td>股东权益比率</td><td></td></tr>
<tr><td>权益乘数</td><td></td></tr>
<tr><td>产权比率</td><td></td></tr>
</table>

<table>
<tr><th colspan="2">指标分类</th><th>指标名称</th><th>指标计算</th><th>指标分析</th></tr>
<tr><td rowspan="5">营运能力分析</td><td rowspan="3">流动资产周转情况</td><td>应收账款周转率</td><td></td><td rowspan="5"></td></tr>
<tr><td>存货周转率</td><td></td></tr>
<tr><td>流动资产周转率</td><td></td></tr>
<tr><td rowspan="2">固定资产与总资产周转情况</td><td>固定资产周转率</td><td></td></tr>
<tr><td>总资产周转率</td><td></td></tr>
</table>

分类	指标名称	指标计算	指标分析
盈利能力分析	营业利润率		
	成本费用利润率		
	总资产报酬率		
	股东权益报酬率		
	每股收益		
	每股股利		
	每股净资产		

分类	指标名称	指标计算	指标分析
发展能力分析	营业增长率		
	利润增长率		
	总资产增长率		
	资本积累率		

会计综合模拟实验报告

院系＿＿＿＿＿＿＿＿＿＿

专业＿＿＿＿＿＿＿＿＿＿

班级＿＿＿＿＿＿＿＿＿＿

姓名＿＿＿＿＿＿＿＿＿＿

指导教师＿＿＿＿＿＿＿＿

学年学期＿＿＿＿＿＿＿＿

202　年　月　日

实验项目		实验日期	年　　月

一、实验目的

二、实验用材料

三、实验内容

四、实验总结

五、成绩与评语

指导教师签字：